Classic
COOKING

COLLECTION
ROLF HEYNE

ELISABETH LUARD

DIE
FRANZÖSISCHE
KÜCHE

ÜBER 100 KLASSISCHE REZEPTE

COLLECTION ROLF HEYNE

Die englische Originalausgabe erschien 2004 unter dem Titel

Classic French Cooking bei

MQ Publications Ltd., London

Copyright © 2004 MQ Publications Limited

Copyright Text © 2004 Elisabeth Luard

Copyright Illustrationen © 2004 Elisabeth Luard

mit Ausnahme der Seiten 22, 48, 53, 69, 85, 90, 93, 110, 114, 117, 124, 127, 152,

166, 191, 195, 207, 208, 222, 236, 240, 248, 263, 276, 287, 313, 321, 324

© Susan Beresford 2004

www.collection-rolf-heyne.de

Copyright © 2006 der deutschsprachigen Ausgabe by

Collection Rolf Heyne GmbH & Co. KG, München

Übersetzung: Susanne Schmidt-Wussow

Satz und Redaktion: bookwise GmbH, München

Printed and bound in China

ISBN: 3-89910-342-4

Inhalt

Einführung

Die Franzosen wissen, was sie mögen – und sie wisssen auch, was sie können: in der Kunst, der Philosophie und vor allem in der Küche.

Zwar unterliegt auch das Essen Modeströmungen, aber wenn Gourmets etwas Besonderes genießen möchten, setzt Frankreich nach wie vor die Maßstäbe, nach denen alle anderen beurteilt werden. Keine andere Küchentradition ist so vielfältig, so lebhaft oder so imstande, sich immer wieder neu zu erfinden.

Selbst die Gerichte der französischen Alltagsküche – *pâté de campagne, moules marinières, steak au poivre, petits pois à la française, ratatouille, daube de bœuf, civet de lièvre, lapin à la moutarde, gigot à l'ail, poulet à la crème, coq au vin, tarte au citron, mousse au chocolat* – finden sich nicht nur auf jeder Speisekarte von Calais bis Marseille, sie haben längst Einzug gehalten in die Küchen der Nachbarländer.

Sehr zum Glück für meine kindlichen Geschmacksknospen lernte ich bei einer Französin kochen, der gewaltigen Bernadette, die meine elegante Großmutter, eine amerikanische Jüdin, eingestellt hatte. In den frühen Fünfzigern hatte meine Großmutter den Atlantik überquert und sich in einem großen Haus am vornehmen Belgrave Square

niedergelassen. In der Londoner Gesellschaft, der sie sich als amerikanische Erbin nicht entziehen konnte oder wollte, war sie bald in aller Munde. Sie wurde in Baltimore geboren, war Erbin eines großen britischen Tabakvermögens und wurde mit fünfzehn mit einem Spieler verheiratet (ihrem Cousin und Ruin der Familienfinanzen). Der Lebensstil dieses Paares war ausschweifend. Mein Großvater spielte mit König Faruk und zockte mit Onassis. Sie war eine Freundin der Rothschilds und der Herzogin von Windsor und wegen der exquisiten französischen Speisen, die trotz der Nachkriegsrationierung an ihrer Tafel serviert wurden, war sie eine von Londons beliebtesten Gastgeberinnen.

Zwar gehörten zum Personal, das in den katakombenartigen Küchenräumen umhereilte, auch ein Konditor und ein Saucenkoch – *maître-saucier* – sowie die üblichen Untergebenen, aber die Fäden hatte Bernadette in der Hand. Bernadette besprach täglich mit meiner Großmutter das Menü. Bernadette bestimmte, was in die Küche hereinkam und aus ihr hinausging. Sie piesackte den Metzger, schikanierte den Fischhändler und untersuchte jedes Stück Gemüse, das der Händler lieferte. Bernadette kaufte täglich in Soho ein, hielt sich dabei an Produkte der Saison und vergeudete nie etwas, obwohl man, wie sie gern klagte, kaum einen verlässlichen Schlachter fand, der die Essensreste tatsächlich an ein passendes Schwein verfütterte. Die Nahrungsknappheit im Nachkriegs-London ließ ihre Ansprüche keineswegs sinken: Sie schimpfte über die schlechte Butter, die geschmacksfreie Sahne, das für französische Kalbfleischgerichte ungeeignete britische Rindfleisch und so weiter.

Sie sorgte auch dafür, dass ich, die einzige Enkelin, die Grundlagen des Kochens erlernte. Dazu gehörte, wie man den exakten Garzustand eines gegrillten *entrecôte* mit dem Daumen bestimmt, wie man Klümpchen in der Béchamelsauce verhindert (indem man stets kochende Flüssigkeit zugießt), wie man den richtigen Augenblick abpasst, in dem man ein Omelett aus der Pfanne nimmt, um es *baveuse* zu servieren – innen schaumig, außen fest. Bernadette kochte instinktiv, mit der Sicherheit derer, die genau wissen, was sie tun. Und wenn mein Arm vom Verrühren von Butter und Zucker für ihre *quatre-quarts* – die französische Version des britischen Früchtekuchens – schmerzte, ließ sie mich die Schüssel nicht absetzen, bevor die Mischung die aus ihrer Sicht akzeptable Schaumigkeit erreicht hatte. Sie schrieb nichts auf und schlug, soweit ich es sah, niemals in einem Buch nach. Heute erscheint es mir durchaus möglich, dass sie weder lesen noch schreiben konnte; aber sie konnte kochen und eine Küche leiten.

Meine Großmutter musste ihr mehr als jedem Chefkoch bezahlen, das erzählte sie mir ganz im Vertrauen – eine Sache des Stolzes, erklärte sie, nicht der Gier.

Zum Glück durfte ich so viel Zeit in Bernadettes Reich verbringen, wie ich Freude daran hatte. Und Freude – nicht Perfektion, nicht einmal das genaue Nachkochen eines Rezepts – wollte sie vermitteln. Sie hatte wenig Achtung vor hochtrabenden Rezepten und sah keinen Sinn in teuren Zutaten, wenn sie aus ihrer Sicht den Genuss der zubereiteten Speisen nicht vergrößerten. Sie änderte unbekümmert jedes Rezept ab, bis es zu den vorhandenen Zutaten passte. Ihre einzige Regel lautete: Wenn die Zutat bei der Ankunft in der Küche gut war, durfte man sie durch die Zubereitung nicht verderben.

Später als Teenager begleitete ich meine Großmutter in die verschiedenen vornehmen Badeorte, wo mein Großvater sein Geld verspielte. Monte Carlo, Montecatini, Eugénie les Bains, Marienbad, Deauville und Paris waren Orte, an denen sich Reiche und Müßiggänger zum Kuren trafen. Und da die wichtigste Zerstreuung aus Essen und Trinken bestand, zog es auch ehrgeizige junge Köche dorthin. Die *cuisine minceur* – aus der später die *nouvelle cuisine* wurde – bestand aus Kreationen jener Köche, die die Vielesser und Übergewichtigen in den Kurorthotels versorgten. Hier sammelte ich in den Schulferien weitere Erfahrungen. Die Köche, die die neuen, körperbewussten Kunden wie meine Großmutter belieferten, waren alle jung, eifrig und experimentierten mit neuen Techniken, besonders mit der Entwicklung eines leichteren Stils für all jene, die ihre Figur halten wollten.

Als ich heiratete und selbst eine Familie gründete, baute ich meine Erfahrungen weiter aus, indem ich uns alle (vier Kinder und einen Ehemann) für ein Jahr ins Hinterland von Castelnaudary im Languedoc verfrachtete – damit die Kinder Erfahrungen mit der französischen Haltung zu den guten Dingen des Lebens sammelten. Da wir auf einem abgelegenen Bauernhof in einer ländlichen Gemeinde wohnten, wo man in den Siebzigern noch so autark lebte, wie es in Europa überhaupt möglich war, hatten wir keine andere Wahl, als dem Beispiel unserer Nachbarn zu folgen und uns wie sie zu ernähren; im Vorbeigehen lernten wir dabei die bäuerliche Küche, die *cuisine paysanne*, kennen, das Kochen mit dem, was gerade da ist.

Der große Curnonsky – Gourmet, Kritiker, Boulevardier der Belle Époque, Freund von Marcel Proust, Autor des 32-bändigen Werkes *La France Gastronomique* und Vater der modernen französischen Gastronomie – definierte drei vernetzte Traditionen als wesentlich für die Küche Frankreichs. Die erste, erklärte er, sei die *haute cuisine*, die große Hofgastronomie. Die zweite sei die *cuisine bourgeois,* die Küche der Stadtbürger, die Zugang zu allen guten Zutaten hatten. Die dritte – manche würden sagen, die wertvollste – sei die Bauernküche, die Küche derer, die kochen und essen, was sie selbst anbauen, ernten und sammeln. Nur wenn man alle drei Teile betrachte, ließe sich die Vorzüglichkeit der nationalen Küche ermessen. Und Frankreich zeichne sich, so Curnonsky, auf allen drei Gebieten aus.

Frankreich war als Zusammenschluss von Königreichen, Herzogtümern und Grafschaften in kulinarischer Hinsicht schon immer resolut regional. Abgesehen von den offensichtlichen Unterschieden (wie das bevorzugte »Bratmedium« einer Region: Olivenöl im Süden, Gänseschmalz in der Mitte, Butter im Norden), wird eine Nation, die an fünfhundert verschiedenen Käsesorten Gefallen finden kann, kaum die Vielfalt der Massenproduktion opfern wollen, egal, ob es um Zutaten geht oder um die ganze Küche. Die Loyalität gilt dem Ort – Stadt, Dorf, Tal, Gemeinde –, und regionale Gerichte spiegeln wider, was in der Gegend angebaut und gesammelt oder woran gespart wird. Diese Küche wird als *cuisine du terroir*, regionale Küche, bezeichnet. Touristen, die zu Hause an eine Vielzahl von Küchen gewöhnt sind, sind oft überrascht, wenn sie auf der Suche nach typisch französischen Speisen an jedem Restaurant der Region dieselbe Speisekarte angeschlagen finden. Die Ausnahme bildet die Weltstadt Paris, die als Hauptstadt keine besondere Küche entwickeln musste, da die der anderen frei verfügbar waren. Dank der *cuisine du terroir* ist der *choucroute* aus dem Elsass so anders als die *garbure* aus der Gascogne, wie auch die *pissaladière* der Provence sich von den *moules marinières* der Bretagne fundamental unterscheidet.

Die Franzosen waren nie zimperlich bei der Auswahl ihres Essens und noch weniger bei der Form, in der sie es kaufen. Innereien werden ohne Zögern frisch oder als Kuttelwurst verspeist. Bei Geflügel werden Füße und Köpfe am Tier belassen, damit der Käufer die Rasse erkennen und die Frische einschätzen kann. Wer in der Nähe des Meeres lebt, will Fische direkt aus dem Netz kaufen: Mindestens ein Boot jeder Küstenflotte verkauft seinen Fang direkt an die Kunden. Beim Fischhändler wird der Fang vollständig ausgestellt – mit Schuppen, Köpfen und Innereien – und nach Wunsch des Kunden zubereitet. Muscheln und Krebse werden lebend verkauft, in der Annahme, dass der Kunde schon weiß, was er damit zu tun hat.

Will ein französischer Koch etwas fertig Zubereitetes kaufen, geht er zum *traiteur,* dem »Partyservice«, gibt das auch unumwunden zu und empfiehlt ihn seinen Freunden weiter. Der *traiteur* liefert auch die kleinen *hors-d'œuvres,* ohne die kein französisches Mahl seines Namens würdig ist: *rillettes,* Oliven, *pâtés, charcuterie,* die klassischen Salate (Kartoffel-, Möhren-, Selleriesalat). Desserts werden zu Hause selten serviert; die Mahlzeit endet gewöhnlich mit Käse und Obst. Wird etwas Besonderes gewünscht, bestellt man das Dessert in der besten *pâtisserie* am Ort im Voraus – Törtchen aus dem Laden haben etwas Glanzvolles, ebenso wie der *pithiviers* am Vorabend des Dreikönigstages oder der *bûche de noël* zu Weihnachten. Und dann ist da noch der krönende Glanzpunkt, der wöchentliche Besuch beim

Käsehändler, wo man eine Scheibe Roquefort, einen Laib Cantal, einen Camembert mit weichem Kern oder ein paar Stückchen Blauschimmel-Ziegenkäse kauft.

In Frankreich gelten all diese guten Dinge als essenzielle Bestandteile der Lebensfreude. Von den Franzosen lässt sich mit Fug und Recht behaupten, dass sie leben, um zu essen – egal ob sie dem in *Michelin*-besternten Restaurants (den natürlichen Erben der Hofküche) nachgehen, dem *traiteur* den Großteil der Mühen überlassen (eines der Vergnügen der städtischen Bourgeoisie) oder nach ländlicher Weise das kochen, was gerade Saison hat.

Von den Tausenden Rezepten, die einen berechtigten Anspruch haben, in ein Buch über die klassische Küche Frankreichs Eingang zu finden, habe ich etwa hundert ausgewählt. Die Aufgabe war nicht leicht, und am Ende gab einfach der persönliche Geschmack den Ausschlag. Ich habe die Rezepte aufgeführt, die ich für wesentlich halte und an meine eigenen Enkel weitergeben möchte – genau wie Bernadette mir ihre Rezepte vererbt hat.

Bon appétit.

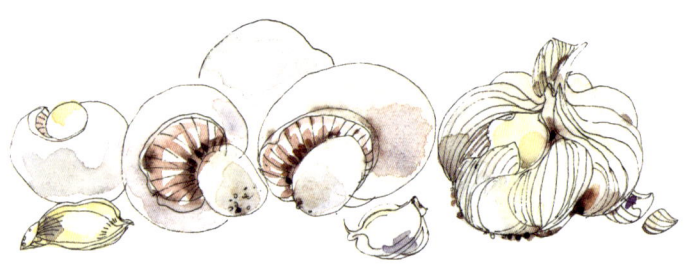

Hors d'œuvres

tapenade

OLIVEN-ANCHOVIS-PASTE

D ie tapenade *ist relativ neu unter den* hors d'œuvres. *Sie wurde in einem Restaurant an der Côte d'Azur erfunden und verdankt ihren Namen den Kapern (»tapeno« im provençalischen Dialekt), die ihr das unverwechselbare Aroma verleihen. Dabei ist die Idee, Oliven zu einer delikaten Paste zu stampfen, nichts Neues, erst die raffinierte Mischung mit anderen Zutaten aus dem Vorratsschrank macht den Unterschied. Wählen Sie für Ihre* tapenade *die faltigen, reifen, kleinen durchfrosteten Oliven aus Nyons oder der Haute Provence.*

Ergibt etwa 500 g

250 g schwarze provençalische Oliven
6 eingelegte Anchovisfilets
1 EL Thunfisch aus der Dose
2 EL eingelegte Kapern
1 TL frisch gemahlener schwarzer Pfeffer
1 TL getrockneter Thymian
etwa 120 ml Olivenöl
1 TL Weinbrand

1 Oliven abtropfen lassen und Steine entfernen. Anchovisfilets abtropfen lassen. Gesalzene Anschovisfilets aus dem
Fass müssen 30 Minuten in Milch eingelegt und dann entgrätet
werden.

2 Alle festen Zutaten im Mörser zu einer feinen Paste zerstoßen.
Olivenöl einträufeln lassen und mit einem Holzlöffel wie bei
einer Mayonnaise unterschlagen, bis eine glatte Paste entsteht.
Weinbrand unterrühren. Alternative: alles kräftesparend in einer
Küchenmaschine pürieren.

3 Die *tapenade* in ein Glas füllen, mit einem dicht schließenden
Deckel versehen und im Kühlschrank aufbewahren.

SERVIERTIPP Mit Baguettestücken und Radieschen servieren.
In Frankreich werden Radieschen mit dem Grün verkauft, die
Stiele zu einem Sträußchen gebunden, und so werden sie auch
auf den Tisch gebracht.

VERWENDUNG VON *TAPENADE* *Tapenade* kann als Füllung
für hart gekochte Eier verwendet werden. Eier schälen und
längs halbieren. Eigelb herausnehmen und mit 1 TL *tapenade*
pro Eigelb zerdrücken. Mischung mit dem Löffel oder dem
Spritzbeutel wieder ins Eiweiß geben.

brandade de morue

STOCKFISCHMUS

Dieses Gericht wird in der Provence und im Languedoc zum souper maigre serviert, dem Fastenessen an Heiligabend, bei dem weder Fleisch noch Wein noch Süßigkeiten gereicht werden dürfen. Morue (Stockfisch) ist küchenfertig erhältlich; falls nicht, wählen Sie ein Mittelstück und weichen es 48 Stunden ein. Das Wasser dabei mehrmals wechseln.

Für 6–8 Personen

500 g Stockfisch, eingeweicht
1 Zwiebel, grob zerkleinert
2 Lorbeerblätter
2–3 Stängel Fenchelgrün oder 1 TL Fenchelsamen
1 TL weiße Pfefferkörner
1 Kartoffel, gekocht, zerstampft und noch warm
(nach Belieben, hilft beim Mischen)
2–3 Knoblauchzehen, zerdrückt
1 schwarze Olive
300 ml natives Olivenöl extra, lauwarm
2–3 EL Sahne, erwärmt

ZUM SERVIEREN
Brotchips
(im Ofen kross geröstete dünne Brotscheiben)

1 Fisch in 3 bis 4 Stücke schneiden und mit Zwiebel, Lorbeerblättern, Fenchelgrün oder -samen und Pfefferkörnern in
einen Topf geben. Mit Wasser bedecken und langsam zum
Kochen bringen.

2 Topf vom Herd nehmen, sobald das Wasser kräftig aufwallt,
und ein Glas kaltes Wasser zugießen. 5 Minuten stehen lassen,
dann abgießen. Fisch häuten und mit der Hand grob zerteilen,
dabei die Gräten entfernen.

3 Zerkleinerten Fisch mit der Kartoffel (falls verwendet),
dem Knoblauch und etwas Öl anstoßen und dann gründlich und kräftig zerstampfen. Den Rest des Öls wie bei der
Mayonnaiseherstellung nach und nach unterschlagen, gegen
Ende die Sahne zufügen. Mischung zu einem dicken, weißen
Püree schlagen. Dazu kann auch eine Küchenmaschine
verwendet werden.

4 Die *brandade* in eine Schüssel füllen und mit einer einzelnen
schwarzen Olive garnieren. Zimmertemperiert mit Brotchips
servieren.

rillettes

EINGEMACHTES SCHWEINEFLEISCH

Dieses Zwischending aus Pastete und Paste wird in Metzgereien in ganz Frankreich verkauft, hergestellt nach einem Rezept, das sich seit den Tagen von Karl dem Großen kaum verändert hat. Das Schmalz, das zum Einlegen des Fleisches verwendet wird, ist entweder Gänseschmalz aus den Resten der Foie-gras-*Gänse* oder panne de porc, *das weiche weiße Fett, das beim Schwein die Nieren umgibt. Servieren Sie* rillettes *mit frischen Radieschen, eingelegtem Gemüse, Butter, grobem Salz (vorzugsweise* Sel de Guerande) *und großen Stücken frischem Baguette oder* pain de campagne, *dem ringförmigem Landbrot.* Rillettes *kann man auch zusammen mit anderen Wurstwaren wie* jambon de Bayonne, saucisson sec *und* andouilettes *servieren.*

Für 8–10 Personen

175 g Gänseschmalz oder frisches Schweineschmalz
1,5 kg Schweinebauch ohne Schwarte, in Stücke geschnitten
3 TL Salz
1 TL frisch gemahlener Pfeffer
1 TL gemahlener Piment
1 kleines gemischtes Bund Thymian, Rosmarin und Lorbeer

1 Schmalz bei milder Hitze in einer schweren Pfanne auslassen. Fleisch zufügen und bei weiterhin milder Hitze rühren, bis das Fett auszutreten beginnt.

2 1 EL Wasser, Salz, Pfeffer und Piment zufügen. Kräuter zwischen den Fleischstücken verteilen und alles 3 Stunden bei milder Hitze garen, bis das Fett vollständig geschmolzen und das Fleisch sehr weich ist. Alternative: auf niedrigster Temperatur (75 °C) im Ofen backen, dabei stets darauf achten, dass der Topfinhalt nicht ansetzt. Das Fett darf nicht blubbern, und die Temperatur muss während des gesamten Garens sehr niedrig bleiben. Zum Schluss sollte keine Flüssigkeit im Topf sein, das Fett sollte klar und das Fleisch butterweich sein.

3 Kräuter herausnehmen. Eine Kelle Fett von der Oberfläche abschöpfen und zum Versiegeln der Gläser beiseite stellen. Das Fleisch mit zwei Gabeln zerpflücken und gründlich mit dem Fett mischen oder im Mörser zerstampfen.

4 *Rillettes* in kleine sterilisierte Schraubgläser füllen und abkühlen lassen. Zum Versiegeln etwas zerlassenes Fett darübergießen. Die *rillettes* kann sofort verzehrt werden und hält sich ungeöffnet bis zu einem Monat im Kühlschrank oder fast unbegrenzt im Gefrierschrank.

ZUBEREITUNG VON SCHWEINESCHMALZ Lösen Sie bei der Zubereitung von Schweineschmalz die kleinen Fettkügelchen aus den Häuten, und zerlassen Sie es ganz langsam mit genügend Wasser, damit es nicht braun wird.

pâté de campagne

LANDPASTETE

Ein pâté ist streng genommen eine Pastete – aber bei dieser Beschreibung würde man etwas aus Teig erwarten; in der ländlichen Küche sind solche Feinheiten belanglos, hier versiegelt ein Mantel aus dünn geschnittenem gesalzenem Schweinebauch – petit salé – oder dünnen Scheiben Schinken die leckere Füllung. Sie können das magere Schweinefleisch durch Huhn oder Wild ersetzen, lassen Sie jedoch das fette Schweinefleisch nicht weg, da gerade Huhn und Wild etwas Fett brauchen, um die natürliche Trockenheit des Fleisches auszugleichen.

Für 6–8 Personen

1 kg magere Schweineschulter, entbeint und in Würfel geschnitten
225 g Schweinebauch ohne Schwarte, in Würfel geschnitten
1 EL Weinbrand oder Calvados (nach Belieben)
1 Knoblauchzehe, grob zerdrückt
je 1 TL getrockneter Thymian und Rosmarin
1 TL zerdrückte Wacholderbeeren
1 Ei
100 ml trockener Weißwein
1 TL gemahlener Piment
Salz
1 TL zerstoßene schwarze Pfefferkörner
2 EL Semmelbrösel
etwa 10 dünne Scheiben *petit salé* (gesalzener Schweinebauch)
oder durchwachsener Speck
2–3 Lorbeerblätter

1 Am Vortag beginnen: Beide Fleischsorten mit dem Alkohol (falls verwendet), Knoblauch, Thymian, Rosmarin und den Wacholderbeeren in eine Schüssel geben. Alles gründlich mischen und zugedeckt über Nacht an einem kühlen Ort marinieren.

2 Ofen auf 180 °C vorheizen. Fleisch abtropfen lassen, Marinade aufheben. Die Hälfte der Schweineschulter und des Schweinebauchs entweder mit einem scharfen Messer hacken oder kurz in einer Küchenmaschine zerkleinern. Restliches Fleisch durchdrehen. Gesamtes Fleisch in eine Schüssel geben.

3 Das Ei mit dem Wein verschlagen und über das Fleisch gießen. Aufgehobene Marinade, Piment, Salz und Pfefferkörner zufügen. Zutaten gründlich unter das Fleisch mischen, dann die Semmelbrösel unterrühren.

4 Eine Kastenform für einen 500-g-Laib mit *petit salé* oder Speck auslegen, dabei die Enden so über den Rand hängen lassen, dass sie über die Pastete geschlagen werden können. Fleisch einfüllen – die Mischung sollte die Form zu etwa zwei Dritteln füllen. Lorbeerblätter daraufleegen und die *Petit-salé-* oder Speckscheiben darüberschlagen.

5 Ein Stück Alufolie abtrennen, das groß genug ist, um die Form abzudecken, und in der Mitte falten, damit die Pastete aufgehen kann. Form mit der Folie abdecken und in ein Wasserbad stellen. Dazu einen Bräter bis zur Hälfte der Kastenformhöhe mit kochendem Wasser füllen und die Form hineinstellen.

6 Etwa 1 Stunde backen, bis die Pastete fest ist und sich von den Wänden der Form löst. Für die Garprobe einen Spieß tief in die Mitte stechen; der austretende Saft muss klar sein. In der Form abkühlen lassen. Mit einem sauberen Tuch abdecken und ein beschwertes Brett daraufstellen. Über Nacht ruhen und fest werden lassen – ein wichtiger Schritt, da die Pastete sonst nicht die Form behält.

SERVIERTIPPS Mit einem Bund kleiner, rosiger Radieschen, schwarzen Oliven (oder als elegantere Alternative mit einer *tapenade*, siehe S. 16/17) und frisch gebackenem Baguette servieren – eine Pastete ohne Brot ist undenkbar.

Das Metzgerhandwerk ist traditionell ein Fachgewerbe, das die Bedeutung des Schweins im ländlichen Frankreich widerspiegelt. Französische Metzger sind stolz darauf, ihre eigene *charcuterie* zuzubereiten, ein Oberbegriff für leicht konservierte Schweinefleischprodukte wie auch die haltbareren (und bekannten) luftgetrockneten Schinken und Schnittwürste. Das Angebot entstand aus der wirtschaftlichen Notwendigkeit, auch die schwerer verkäuflichen Teile zu verarbeiten – Innereien und Teile mit zu viel Fett oder Knochen –, in erster Linie ging es jedoch darum, ein verderbliches Lebensmittel haltbar zu machen, als es noch keine Kühlung gab. Jeder *charcutier*, der etwas auf sich hält, bietet am Markttag ein halbes Dutzend frisch gekochte, grobe und feine *pâtés* an, dazu *rillettes* und *rillons* – Schweinehackfleisch in Schmalz – und *petit salé* – gesalzenen Schweinebauch, der in Bohnengerichten, Pasteten und zum Bardieren von Geflügel verwendet wird. In der Auslage finden sich weiterhin gegarte, entbeinte und panierte Schweinsfüße zum Grillen, Presskopf in Aspik, Schweinshachsen und Stücke zum Anreichern des *pot-au-feu*. Für die Liebhaber von Blutwurst gibt es *boudin noir*. Wer Innereien mag, schwört auf *andouille* und *andouilettes*, gepfefferte Kuttelwürste, die fest zusammengewickelt gegrillt und mit köstlich scharfem französischem Senf gegessen werden. Die französische Hausfrau ist stolz auf ihren *charcutier*, würdigt seine Arbeit und würde nicht im Traum so tun, als hätte sie die Leckereien selbst hergestellt. Und die Bereitschaft, für die Fachkenntnisse des Metzgers entsprechend zu bezahlen, gehört natürlich auch dazu.

pâté de foie de porc

SCHWEINELEBERPASTETE

Mit dieser traditionellen Zubereitung wurde sichergestellt, dass die leicht verderblichen Produkte des jährlichen Schweineschlachtens nicht vergeudet wurden. Heute übernimmt diese Pflicht der charcutier.

∽

Für 4–6 Personen

1 EL Schweineschmalz oder Butter
500 g Schweineleber, in Streifen geschnitten
2 Schalotten oder 1 kleine Zwiebel, fein gehackt
250 g magere Schweineschulter
250 g Schweinebauch
1 Ei
1 TL getrockneter Thymian
½ TL zerdrückte Wacholderbeeren
½ TL geriebene Muskatnuss
½ TL gemahlene Gewürznelken
Salz und frisch gemahlener Pfeffer
8–10 dünne Scheiben durchwachsener Speck oder
gesalzener Schweinebauch *(petit salé)*
2 Lorbeerblätter

ZUM SERVIEREN
Radieschen, Essiggurken
Baguette, Butter

1 Butter oder Schmalz in einer Pfanne erhitzen. Leber und Schalotten zufügen und in der Butter anbraten, bis das Fleisch fest wird, innen aber noch rosa ist. Vom Herd nehmen.

2 Ofen auf 180 °C vorheizen. Schulter- und Bauchfleisch durchdrehen. Pfanneninhalt zusammen mit dem Hackfleisch hacken oder durchdrehen. Alles in eine Schüssel geben, mit den Händen Ei, Thymian, Wacholderbeeren, Muskatnuss und Nelken unterkneten. Die Farce mit Salz und Pfeffer würzen.

3 Eine Kastenform für einen 500-g-Laib mit gesalzenem Bauchfleisch oder Speck auslegen, einige Scheiben für die Oberseite aufheben. Fleischmischung einfüllen. Lorbeerblätter darauflegen und mit Speckscheiben abdecken. Form in ein Wasserbad stellen; dazu einen Bräter bis zur Hälfte der Kastenformhöhe mit kochendem Wasser füllen.

4 Etwa 1 Stunde backen, bis die Oberseite leicht gebräunt ist. Mit Folie abdecken und 30 Minuten weiterbacken, bis klarer Saft austritt, wenn ein Spieß in die Mitte gesteckt wird.

5 Pastete mit einem Gewicht beschweren und abkühlen lassen, am besten über Nacht. Die Pastete hält sich 2 Wochen im Kühlschrank.

6 Pastete in dicke Scheiben schneiden und mit Radieschen, Essiggurken, frischem Baguette und Butter servieren.

confit de foie gras

EINGEMACHTE GÄNSELEBER

Sowohl Gänse als auch Enten können der engorgeage, dem Stopfen, unterzogen werden, bei dem die Vögel zwangsgefüttert werden, bis ihre Lebern stark vergrößert und verfettet sind. Das übliche Futter ist Mais, aber es werden auch Kastanien und Walnüsse verwendet. Wird Kritik an dieser unsanften Fütterungsmethode laut, verweist man in Toulouse, Périgueux und Straßburg, den Zentren der Foie-gras-Produktion, gerne auf Aufzeichnungen aus dem alten Ägypten. Diesen zufolge waren die Lebern von Zuggänsen, die sich an den Gräsern des Nildelta gütlich taten, so angeschwollen, dass die Vögel nicht mehr fliegen konnten. Im Périgord wird die Gänseleber mit Trüffeln verfeinert, die gleichzeitig mit der Gans Saison haben.

Für 8–10 Personen

1 frische Gänsestopfleber (1–1,5 kg)
1–2 EL grobes Salz
1 EL Armagnac oder Weinbrand (nach Belieben)
1 frischer schwarzer Périgord-Trüffel, abgebürstet und
in Scheiben geschnitten (nach Belieben)
250 g reines weißes Gänse- oder Entenfett
pain de levain (Sauerteig-Landbrot) zum Servieren

1 Venen aus der Leber entfernen. Dazu am dicken Ende jedes Lappens nach der Hauptvene suchen; diese durch vorsichtiges Ziehen in ganzer Länge mit den Nebenvenen freilegen und mit einem scharfen Messer entfernen. Alle dunklen Blutgefäße entfernen. Seien Sie unbesorgt, wenn die Leber dabei beschädigt wird, sie nimmt beim Garen ihre ursprüngliche Form wieder an. Leber auf einen Teller legen, mit Salz bestreuen und mit Armagnac oder Weinbrand beträufeln (falls verwendet). Mit einem zweiten Teller abdecken und beschweren. Über Nacht abtropfen lassen.

2 Ofen auf 190 °C vorheizen. Die Leber trocken tupfen, überschüssiges Salz abstreifen. Falls Trüffeln verwendet werden, kleine Schlitze in die Leber schneiden und die Trüffelscheiben hineinstecken. Leber fein wiegen und die Garzeit bestimmen (20 Minuten pro 500 g). Leber in eine Terrine füllen, in die sie gerade hineinpasst. So viel zerlassenes Gänsefett hineinschöpfen, dass die Leber vollständig bedeckt ist.

3 Terrine mit Alufolie abdecken (glänzende Seite nach unten) und in ein Wasserbad setzen: Dazu einen Bräter bis zur Hälfte der Terrinenhöhe mit kochendem Wasser füllen und die Terrine hineinstellen. Für die Dauer der berechneten Garzeit backen, bis klarer, aber noch hellrosa Saft austritt, wenn mit einem scharfen Spieß in die Leber gestochen wird. Abkühlen lassen. Mit geröstetem Sauerteigbrot *(pain de levain)* servieren.

AUSWAHL DER *FOIE GRAS* Wählen Sie eine feste, helle Gänseleber – elfenbeinfarben mit einem Hauch Rosa. Eine gelbliche Färbung ist zusammen mit unverhältnismäßiger Größe ein Hinweis darauf, dass die Leber extrem fett ist. Grüne Flecke sind ein Anzeichen für eine verletzte Gallenblase; in die Leber gesickerte Galle macht diese bitter.

escargots à la bourguignonne

WEINBERGSCHNECKEN MIT KNOBLAUCHBUTTER

Alle Schnecken, unabhängig von Größe oder Art, sind essbar. Unsere Ahnen liebten sie: Steinzeitliche Abfallhaufen sind voller Überreste von Schnecken-Festmahlen. Die einzige Gefahr liegt nicht im Fleisch selbst, sondern darin, was das Tier gefressen haben könnte. Sein Verdauungssystem kann die giftigsten Substanzen verarbeiten und in der kleinen, dunklen Darmschlinge am Ende des Körpers ablagern. Die Giftstoffe lassen sich durch eine Hunger- oder Winterschlafperiode beseitigen, durch Nahrungskontrolle (Umsetzen in den Weinberg) oder indem das Fleisch aus der Schale entfernt und der Verdauungstrakt nach kurzem Eintauchen (5 Minuten) in kochendes Wasser abgeknipst wird. Anschließend verfeinert sanftes Köcheln mit Gewürzen und Wein den Geschmack und macht das Fleisch zart. Diese Vorarbeiten sind bei küchenfertigen Schnecken bereits ausgeführt. In Frankreich werden zwei Varietäten gegessen. Die kleinere ist die petit gris, eine Schnecke mit weichem, grauem Körper und braunem Haus mit einem federartigen Muster; die andere ist die größere Burgunder- oder Echte Weinbergschnecke. Beide werden heute aus der Türkei und dem Fernen Osten importiert. Für dieses Gericht brauchen Sie die größeren Schnecken. Rechnen Sie pro Person sechs bis zwölf küchenfertige Schnecken mit Haus.

Für 4–8 Personen

48 küchenfertige Schnecken mit Haus
2–3 EL Pernod (nach Belieben)

KNOBLAUCHBUTTER
250 g weiche Butter
2 Knoblauchzehen, zerdrückt
1 EL fein gehackte Schalotte
2 EL fein gehackte glatte Petersilie
Salz und frisch gemahlener Pfeffer

ZUM SERVIEREN
frisches Baguette

1 Ofen auf 180 °C vorheizen. Leere Schneckenhäuser mit der Öffnung nach oben in speziellen Schneckenplatten oder auf einem Backblech auf einem Bett aus grobem Salz anrichten. In jedes Haus einen Tropfen Pernod geben (falls verwendet).

2 Für die Knoblauchbutter alle Zutaten gründlich miteinander vermischen. Etwas Butter in ein Schneckenhaus geben, Schneckenfleisch hineinlegen und das Haus mit einem weiteren Klecks Butter verschließen. Haus mit der Öffnung nach oben wieder in den Behälter setzen. Restliche Schneckenhäuser auf dieselbe Weise füllen.

3 Schnecken 20 bis 30 Minuten backen, bis sie dampfend heiß sind und Blasen werfen. Mit frischen Baguettestücken zum Aufnehmen der Butter servieren.

cassolette d'escargots

SCHNECKENPFANNE

Ein raffiniertes Schneckenrezept aus der Provence. Im Norden Frankreichs, dem Land der Milchprodukte, genießt man Schnecken mit Knoblauchbutter. Im Land des Olivenbaums hingegen, wo Milchprodukte traditionell fehlen, werden sie mit Öl verfeinert.

Für 6 Personen

2 Gläser Weißwein
500 g gegarte Schnecken ohne Haus
(die Kochflüssigkeit aufgehoben, siehe S. 30)
2 EL Olivenöl
1 EL Mehl
2 EL geriebener Käse, beispielsweise Cantal oder Gruyère
Salz und frisch gemahlener Pfeffer
1 Prise Zucker (nach Belieben)
2–3 Salbeiblätter, fein gehackt
2 EL gehackte Petersilie
2 EL Schnittlauchröllchen

ZUM FERTIGSTELLEN
2 gehäufte EL Semmelbrösel
2 EL gehackte Petersilie
1 Knoblauchzehe, fein gehackt
2 EL geriebener Käse
1 EL Olivenöl

1 Wein mit einer Kelle Schneckensud (oder Gemüsebrühe) zum Kochen bringen und auf die Hälfte einkochen lassen.

2 Öl mit dem Mehl zu einer Paste verarbeiten und mit dem Schneebesen unter die reduzierte Brühe rühren. Köcheln lassen, bis die Mischung so dick ist, dass sie am Rücken eines Holzlöffels kleben bleibt. Geriebenen Käse einrühren. Mit Salz und Pfeffer abschmecken, eventuell eine Prise Zucker zugeben.

3 Schnecken zufügen und 10 Minuten leicht köcheln lassen. Gehackte Kräuter unterrühren.

4 Den Grill vorheizen. Schnecken in einer Auflaufform verteilen. Semmelbrösel mit Petersilie, Knoblauch und geriebenem Käse mischen und über die Schnecken streuen. Mit Olivenöl beträufeln und kurz unter den Grill stellen, bis die Oberseite goldbraun ist. Wenn die Schnecken im Voraus bis auf den letzten Schritt vorbereitet sind, den Ofen auf 180 °C vorheizen und 15 Minuten backen, bis sie Blasen werfen und braun werden.

cuisses de grenouille à l'ail

FROSCHSCHENKEL MIT KNOBLAUCH UND PETERSILIE

Froschschenkel waren vor etwa dreißig Jahren, als meine Kinder in Castelnaudary im Languedoc zur Schule gingen, noch überall in freier Natur zu bekommen. Wir lebten in einem Bauernhaus inmitten von Feldern, Wäldchen und Teichen, wo man Frösche mit einem Stück roten Lumpen an einer Angel fangen konnte. Heute dürfen Frösche nicht mehr gefangen werden, folglich werden sie überwiegend aus den Reisfeldern Südostasiens importiert. Froschschenkel lassen sich durch Wachtelbeine ersetzen – nach dem Garen sehen sie sehr ähnlich aus (die Brust mit Pilzen anbraten).

Für 4–6 Personen

8–12 Paar Froschschenkel
1–2 EL Mehl, mit Pfeffer und Salz gewürzt
4 EL Olivenöl
50 g Butter
4 Knoblauchzehen, fein gehackt
2 EL gehackte Petersilie
1 Spritzer Zitronensaft

ZUM SERVIEREN
Zitronenviertel
frisches Baguette

1 Froschschenkel leicht mit dem gewürzten Mehl bestäuben.

2 Öl in einer schweren Pfanne erhitzen. Butter zufügen und warten, bis sie schäumt. Hitze leicht reduzieren, Frosch-schenkel vorsichtig in die Pfanne legen und von jeder Seite 2 bis 3 Minuten anbraten, bis sie leicht braun werden und das Fleisch sich auf Fingerdruck fest anfühlt.

3 In eine vorgewärmte Servierschüssel legen. Knoblauch in die Pfanne geben und einige Minuten anbraten, dann Petersilie einrühren und mit einem Spritzer Zitronensaft abschmecken.

4 Froschschenkel wieder in die Pfanne legen und langsam erwärmen. Mit Zitronenvierteln und ofenfrischem Baguette servieren.

galantine de gibier

WILDPASTETE MIT SÜLZE

Man weiß nie, was ein Jäger mit nach Hause bringt. Eine *galantine – die Methode des Konservierens durch langsames Garen mit Gewürzen in gerade so viel Wasser, dass das Fleisch bedeckt ist – ist die praktische Methode, Pelz- oder Federvieh ungewissen Alters und unbekannter Zähigkeit zu verarbeiten. Dieses beliebte Gericht wird beim* traiteur, *dem Geschäft für gegarte Speisen, in Scheiben nach Gewicht verkauft. Dazu passen einige in Salz eingelegte Kapern und Mini-Gewürzgurken* (cornichons), *die der Schwere entgegenwirken. Oder servieren Sie die Pastete mit einem Salat und neuen Kartoffeln als leichtes Abendessen.*

Für 8–10 Personen

**2–3 kg Wildschwein oder anderes Wild mit Knochen,
in handliche Stücke oder Portionen gehackt
2–3 Thymianzweige
2–3 Lorbeerblätter
1 EL Wacholderbeeren, zerdrückt
1 EL Salz
1 TL zerstoßene schwarze Pfefferkörner
1 EL Calvados oder Weinbrand
4–5 dünne Scheiben Bayonne-Schinken**

1 Ofen auf 160 °C vorheizen. Fleisch samt Knochen mit Thymian, Lorbeerblättern, Wacholderbeeren, Salz und Pfefferkörnern in einen großen Topf geben. Calvados oder Weinbrand zufügen und mit Wasser bedecken.

2 Dicht schließenden Deckel aufsetzen. 3 bis 4 Stunden im heißen Ofen backen, bis das Fleisch ganz weich ist.

3 Fleisch herausnehmen und Brühe durch ein Sieb abgießen. Das noch warme Fleisch von den Knochen lösen und würfeln. Die Brühe muss sehr kräftig sein, wenn daraus eine richtige Sülze werden soll, daher auf etwa 450 ml einkochen lassen.

4 Kastenform für einen 1-kg-Laib mit Schinken auslegen, die Scheiben dabei großzügig über den Rand hängen lassen. Fleischmischung bis zum Rand einfüllen. Brühe zugießen, bis das Fleisch bedeckt ist. Lose Schinkenklappen über die Füllung schlagen, mit Alufolie abdecken und die Form mit einem Gewicht beschwert über Nacht an einem kühlen Ort stehen lassen, bis die Sülze geliert ist. Zum Servieren das Fleisch mit einem in kochendes Wasser getauchten Messer in Scheiben schneiden.

AUFBEWAHREN DER *GALANTINE* Die *galantine* hält sich gut im Kühlschrank, darf aber nicht eingefroren werden. Dabei setzt sich die Sülze ab, und die *galantine* lässt sich dann nur noch retten, indem sie erneut aufgekocht und zu einer Pastete gebacken wird.

terrine de légumes

GEMÜSEPASTETE

Eine gute Alternative für Vegetarier zu den sonst recht
fleischlastigen französischen hors d'œuvres. *Die Gemüsesorten können Sie selbst zusammenstellen; die hier angegebenen
Sorten sehen besonders hübsch aus, und die Aromen sind
fein ausgewogen.*

Für 6–8 Personen

500 g Spinat oder Brokkoli
500 g Knollensellerie oder Blumenkohl
500 g Karotten oder Steckrüben
3 große Eier
300 ml Sahne
¼ TL frisch geriebene Muskatnuss
Salz und frisch gemahlener Pfeffer

1 Falls Spinat verwendet wird, diesen waschen und tropfnass in einen Topf mit Deckel geben. Kurz garen, bis er zusammenfällt, dann gründlich abtropfen lassen, dabei das Wasser mit der Hand ausdrücken. Übriges Gemüse in mundgerechte Stücke schneiden und jede Sorte einzeln in kochendem Salzwasser weich kochen. Gründlich abtropfen lassen und jedes getrennt pürieren.

2 Ofen auf 150 °C vorheizen. Kastenform für einen 500-g-Laib einfetten. Eier trennen. Eigelbe gründlich mit der Sahne verrühren. Eiweiß aufschlagen, bis es schaumig, glatt und hell ist. Je ein Drittel der Eigelb-Sahne-Mischung unter jedes Gemüsepüree ziehen. Würzen und abschmecken, dann das Eiweiß zu gleichen Teilen unter die drei Gemüsemischungen heben.

3 Pürees schichtweise in die Kastenform füllen: zuerst Spinat, dann Sellerie, dann Karotte. Mit Alufolie abdecken (glänzende Seite nach unten) und die Form in ein Wasserbad setzen. Dazu einen Bräter bis zur Hälfte der Kastenformhöhe mit kochendem Wasser füllen und die Form hineinstellen. 1 ½ Stunden backen, bis der Inhalt vollständig gestockt ist. Abkühlen und fest werden lassen.

4 Die Pastete auf einen Teller stürzen und in hübsche dreifarbige Scheiben schneiden. Zimmertemperiert servieren.

SERVIERTIPP Zur Pastete schmeckt eine gekühlte Sauce, etwa aus Crème fraîche mit fein gehackter Brunnenkresse oder Schnittlauch gemischt, oder ein *coulis* aus frischen Tomaten (siehe S. 255).

pissaladière

PROVENÇALISCHER ZWIEBELKUCHEN

D iese Spezialität der Bäcker von Nizza ist eng verwandt mit der italienischen Pizza – manche sagen sogar, dieses Gericht sei das Original, da es seinen Namen vom pissalat niçoise ableitet, einer Paste aus Anchovis, Öl, Thymian, Pfeffer und Lorbeer. In ihrer einfachsten Form besteht die Pizza aus Nizza aus dünnem Brotteig mit einer dicken Schicht Zwiebeln.

Für 6–8 Personen

225 g Mehl
½ TL Salz
3 EL Olivenöl
1 Ei
½ TL fein abgeriebene Schale
von 1 unbehandelten Zitrone

BELAG
1 kg Zwiebeln, in dünne Scheiben geschnitten
1–2 EL Olivenöl
2–3 Knoblauchzehen, fein gehackt
6–8 Anchovisfilets
2 EL schwarze Oliven
2 EL Kapern in Salzlake, abgespült und abgetropft
1 EL gehackter frischer Thymian

1 Mehl, Salz, Olivenöl, Ei und Zitronenschale mit der Hand verkneten und mit etwa 4 EL warmem Wasser zu einer weichen, glatten Teigkugel verarbeiten, die sich sauber vom Schüsselrand löst. (Alternative: Teig in einer Küchenmaschine verarbeiten.) Teig mit Klarsichtfolie abdecken und 30 Minuten ruhen lassen.

2 Inzwischen den Belag zubereiten. Dazu die Zwiebeln sanft im Öl braten, bis sie weich und goldbraun sind – den Garprozess nicht beschleunigen und die Zwiebeln nicht anbrennen lassen.

3 Ofen auf 220 °C vorheizen. Teig auf der bemehlten Arbeits-fläche auf etwa 25 x 25 cm ausrollen und auf ein gefettetes Backblech legen. Zwiebeln auf dem Teig verteilen und mit Knoblauch, Anchovis, Oliven, Kapern und Thymian belegen.

4 20 bis 25 Minuten backen, bis der Teig kross und goldbraun ist und am Rand braune Blasen wirft.

salade niçoise

NizZASALAT

Dieser kräftige, knackige Sommersalat wird als erster Gang oder leichtes Mittagessen serviert. Wie der Name schon sagt, stammt er aus Nizza, wo der italienische Einfluss auf die Küche unverkennbar ist. Nicht von ungefähr verleiht Basilikum dem Salat sein Aroma.

Für 4 Personen

4 hart gekochte Eier
500 g reife Tomaten
1 kleine Gurke
1 Romana-Salatherz, grob gehackt
6 gesalzene Anchovis oder Anchovis in Öl
150 g Thunfisch in Öl
1 Knoblauchzehe
6 EL Olivenöl
2 EL Weinessig
1 grüne Paprika, die Samen entfernt und in Ringe geschnitten
4–5 Frühlingszwiebeln, gehackt
1 milde rote Zwiebel, längs in dünne Scheiben geschnitten
1 Handvoll gepalte junge dicke Bohnen oder
junge grüne Bohnen (roh)
1 EL schwarze Oliven
etwa 12 frische Basilikumblätter, grob zerpflückt

1 Eier schälen und vierteln. Tomaten und Gurke in mundgerechte Stücke schneiden. Salat in mundgerechte Stücke
reißen. Anchovis und Thunfisch abtropfen lassen. Thunfisch in
große Stücke zerpflücken und Anchovisfilets trennen.

2 Salatschüssel mit der angeschnittenen Knoblauchzehe ausreiben. Öl und Essig in die Schüssel gießen und mit einer
Gabel mischen. Salat, Tomaten, Gurke, Paprika, Frühlingszwiebeln, rote Zwiebel und Bohnen in Öl und Essig wenden.
Kein Salz zufügen – der Fisch und die Oliven sind salzig genug.

3 Mit Oliven, Basilikumblättern, Eiern, Thunfisch und
Anchovis garnieren.

VERARBEITUNG VON GESALZENEN ANCHOVIS Gesalzene
Anchovis aus dem Fass müssen einige Stunden in Milch
eingelegt werden, um ihnen Salz zu entziehen. Dann abgießen
und die haarfeinen kleinen Gräten zwischen Daumen und
Zeigefinger fassen und herausziehen.

salade de pommes de terre

KARTOFFELSALAT

Wählen Sie eine der kleinen, mandelförmigen, fest kochenden Kartoffelsorten wie charlotte *oder* la ratte, *Frankreichs Salatkartoffel Nr. 1. Zwar ist der Majoran in diesem Rezept nicht unbedingt nötig, aber sein warmes, erdiges Aroma passt besonders gut zu Kartoffeln.*

Für 4–6 Personen

1 kg kleine neue Kartoffeln, abgebürstet
4 EL Olivenöl
1–2 Scheiben Brot vom Vortag, in Würfel geschnitten
1 Knoblauchzehe, mit einer Prise Salz zerdrückt

DRESSING
2 EL milder Senf (vorzugsweise Dijon-Senf)
2 EL Weinessig
1 Glas Weißwein oder Fleischbrühe
4 EL Olivenöl
Salz und frisch gemahlener Pfeffer

ZUM ABRUNDEN
1 EL Kapern, abgetropft
1 EL kleine schwarze Oliven
1 kleines Bund Frühlingszwiebeln, geputzt und gehackt
einige Majoranblätter

1 Kartoffeln in reichlich kräftig gesalzenem Wasser in 15 bis 20 Minuten weich kochen. Sofort abgießen, dann die Kartoffeln zum Trocknen erneut kurz auf den Herd stellen.

2 Inzwischen das Öl in einer Pfanne erhitzen. Sobald es raucht – nicht mehr als ein blauer Schleier –, Brotwürfel hineingeben und kross und goldbraun braten. Brot herausnehmen, mit dem zerdrückten Knoblauch mischen und beiseite stellen.

3 Bratpfanne mit dem Öl erneut auf den Herd stellen und Senf, Essig und Wein oder Brühe einrühren. Kurz aufkochen lassen, dann das Öl und die Gewürze mit dem Schneebesen unterrühren. Wenn Sie Glück haben, verbindet sich das Dressing zu einer Emulsion; falls nicht, macht das nichts. Dressing in die Schüssel gießen, in der der Salat serviert werden soll.

4 Kartoffeln mit Schale über der Schüssel in Scheiben schneiden und in der heißen Flüssigkeit wenden. Kapern, Oliven und Frühlingszwiebeln zufügen und unter die Kartoffeln mischen. Die Kartoffeln saugen beim Abkühlen das Dressing auf. Nach dem Abkühlen die gerösteten Brotwürfel untermischen und den Salat mit einigen Majoranblätter garnieren.

VARIANTEN Es können noch weitere Zutaten zum Kartoffel-salat gegeben werden, beispielsweise Gurkenwürfel, hart gekochte Eier, Tomaten, Apfelwürfel, Walnüsse, geröstete Pinienkerne, eingelegter Thunfisch oder Anchovis.

ratatouille

PROVENÇALISCHES GEMÜSE IN OLIVENÖL

Ein Gericht für den Hochsommer, wenn die Feldfrüchte der Provence geerntet werden. Die Auberginen sollten in haselnussgroße Würfel geschnitten werden (heutige Sorten muss man nicht mehr salzen). Große Zucchini werden geviertelt und in fingerdicke Scheiben geschnitten. Jede Zutat soll die Hitze separat aufnehmen, gemischt wird erst zum Schluss – ein wenig aufwendig, aber wesentlich, wenn das Gericht seinen vollen Geschmack entfalten soll.

Für 6 Personen

150 ml Olivenöl (eventuell mehr)
2 Auberginen, gewürfelt
Salz
2 rote Paprika, die Samen entfernt und in Scheiben geschnitten
1 grüne Chilischote, die Samen entfernt, gehackt
3–4 kleine Zucchini, in Scheiben geschnitten
2–3 Zwiebeln, in dünne Ringe geschnitten
4–5 Knoblauchzehen
3–4 reife Eiertomaten, gehäutet und gewürfelt
(eventuell aus der Dose)
1 ½ TL getrockneter Rosmarin
1 ½ TL getrockneter Thymian
frisch gemahlener Pfeffer

1 Die Hälfte des Öls in einer großen Pfanne erhitzen. Auberginen hineingeben, mit etwas Salz bestreuen und sanft braten, bis sie ganz weich und leicht karamellisiert sind. Die Auberginen braten zunächst an, saugen dann das Öl auf und geben es schließlich wieder ab, um erneut darin zu braten.

2 Auberginen in ein großes Sieb über einer Schüssel geben, um das Öl aufzufangen. Pfanne mit weiteren 2 EL Öl wieder erhitzen und rote Paprika und Chili hineingeben. Sanft braten, bis die Paprika weich und leicht karamellisiert sind, dann in das Sieb geben.

3 Pfanne mit weiteren 2 EL Öl wieder erhitzen. Zucchini leicht goldbraun braten, dann zu den Auberginen ins Sieb geben.

4 Abgetropftes Öl wieder in die Pfanne geben und Zwiebeln und Knoblauch weich und goldbraun braten. Vom Herd nehmen und im Sieb abtropfen lassen. Pfanne mit dem restlichen und dem abgetropften Öl wieder erhitzen und die Tomaten sanft braten, bis sie weich sind und zusammenfallen.

5 Rosmarin und Thymian und das Gemüse aus dem Sieb unterrühren. Mit Salz und Pfeffer würzen und 5 bis 10 Minuten sanft köcheln lassen, bis sich die Aromen verbunden haben. Zimmertemperiert servieren.

INFO Die einzigen unentbehrlichen Zutaten sind Auberginen, Knoblauch, Zwiebeln und Öl.

céleri-rave rémoulade

GERIEBENER KNOLLENSELLERIE
MIT SENF-VINAIGRETTE

Eine Remoulade ist eine mit Senf angedickte Vinaigrette, häufig mit Kapern, gehackten Frühlingszwiebeln, hart gekochten Eiern und Kräutern verfeinert. Sie wird als scharfe Sauce für kaltes Fleisch aus der charcuterie verwendet. Hier fungiert sie als Dressing für geriebenen rohen Knollensellerie. Selleriesalat kann beim traiteur fertig nach Gewicht gekauft werden. Er ist Bestandteil des klassischen Trios aus Karottensalat (fein geriebene Karotte mit einem Dressing aus Zitronensaft, Olivenöl und Oliven), Rote-Bete-Salat (gebackene Rote Bete mit Olivenöl, Knoblauch und Petersilie) ... und eben Sellerie.

Für 4 Personen

1 Knollensellerie
Salz
1 EL milder Dijon-Senf
6 EL Olivenöl
1 EL Weinessig oder Apfelessig
frisch gemahlener schwarzer Pfeffer
gehackte glatte Petersilie (nach Belieben), zum Garnieren

1 Sellerieknolle schälen, in handliche Stücke schneiden und grob raspeln. (Falls Sie das richtige Zubehör besitzen, verwenden Sie eine Küchenmaschine.)

2 Sellerie in einen großen Topf mit kochendem Salzwasser geben und das Wasser wieder zum Kochen bringen – das dauert etwa 3 Minuten, eben lang genug, um den Sellerie zu blanchieren. Sellerie in ein Sieb geben, mit kaltem Wasser abschrecken, um den Garprozess zu stoppen, und gründlich abtropfen lassen.

3 Für die Remoulade in einer kleinen Schüssel den Senf mit dem Öl mischen; dazu mit Schneebesen oder Gabel das Öl tropfenweise unterschlagen wie bei der Mayonnaiseherstellung. Essig zufügen, wenn die Sauce emulgiert. Nach Geschmack Salz und Pfeffer zugeben.

4 Sellerie mit der Remoulade anmachen. Zum Schluss mit einer Handvoll Petersilie garnieren.

asperges à la vinaigrette

SPARGEL MIT ÖL UND ESSIG

Die Franzosen lieben weißen Spargel – dick und weiß mit cremeweißem Kopf –, die Deutschen bevorzugen weiße Stangen mit violettem Kopf, und die Briten (und auch die Spanier) mögen ihn lieber grün. Damit die Stangen ganz weiß bleiben, müssen sie vor Sonnenaufgang geerntet werden; die Beete sind mit sandigem Boden angehäufelt, damit die aufwärtsstrebenden Spitzen keine Chance haben, das Licht zu erreichen. Die Spargelfelder Südfrankreichs wurden als Ersatz für die Olivenbäume angelegt, die der Frost des schrecklichen Winters 1956 zerstört hatte. Die Einheimischen lieben ihren Spargel nur mit dem milden goldenen Olivenöl der Provence als Sauce, mit gerade genug Essig verrührt, um ihm etwas Schärfe zu verleihen.

Für 4 Personen

1 kg weißer Spargel
Salz
150 ml natives Olivenöl extra
3 EL Weinessig
frisch gemahlener schwarzer Pfeffer
frisches Baguette

1 Halten Sie einen Spargeltopf oder einen Topf bereit, der so tief ist, dass die Spargelbündel aufrecht darin stehen können, das heißt mit dem Kopf über Wasser und den Stangen im Wasser.

2 Spargelstangen gründlich schälen und zu vier ordentlichen Bündeln binden. Salzwasser im Spargeltopf zum Kochen bringen und die Bündel mit den Köpfen nach oben hineinstellen. So anordnen, dass die Stangen mit Wasser bedeckt sind, die Köpfe jedoch nur gedämpft werden. Wasser wieder zum Kochen bringen, Hitze reduzieren und 20 Minuten sanft kochen lassen, bis die Stangen weich sind.

3 Inzwischen mit der Gabel das Olivenöl mit dem Essig verrühren und in einen Krug füllen – Gabel im Krug stehen lassen, damit Öl und Essig wieder vermischt werden können.

4 Spargelbündel aus dem Topf heben, gründlich abtropfen lassen und lösen. Spargel heiß auf einer weißen Serviette angerichtet servieren. Dazu den Krug mit der Vinaigrette, eine Schüssel mit grobem Salz, eine Pfeffermühle und etwas Brot reichen – fertig.

SERVIERTIPPS FÜR SPARGEL Wenn Sie den Spargel lieber kalt servieren möchten, reichen Sie dazu Mayonnaise (siehe S. 163). Die Nordfranzosen – die im »Milchland« leben – essen Spargel lieber heiß und mit zerlassener Butter oder *sauce hollandaise* (siehe S. 248).

cèpes à la bordelaise

SAUTIERTE STEINPILZE

B oletus edulis, *der teuerste der vielen essbaren Wildpilze, die in den Wäldern Europas gesammelt werden, ist in* Frankreich als cèpe oder bolet *bekannt, in Italien als* porcino *und in Großbritannien als* penny bun *oder* boletus. *Die essbaren Mitglieder dieser Familie großer, solider, festfleischiger Pilze sind an ihren braunen Hüten mit schwammigen gelben Unterseiten zu erkennen. Ein einziger Steinpilz kann ein halbes Kilo wiegen, allerdings sind sie schwerer, wenn sie an einem feuchten Tag geerntet werden. Sie werden in den Wäldern der Nordhalbkugel von Mitte Juli bis zum ersten Frost gesammelt. Im Bordelais schätzt man sie besonders und gart sie in Olivenöl mit Knoblauch oder Schalotten und Petersilie.*

Für 4 Personen

etwa 500 g Steinpilze (mindestens 1 großer Pilz pro Person)
4–5 EL Olivenöl
Salz
2 Knoblauchzehen oder Schalotten, fein gehackt
4 EL gehackte glatte Petersilie
etwa 2 EL Semmelbrösel

1 Steinpilze ziehen Insekten an, die Pilze daher gründlich
untersuchen und unwillkommene Eindringlinge entfernen.
Stiele sparsam putzen, dabei Moos und Erde abkratzen. Hüte mit
feuchtem Küchenpapier abwischen. Wenn die Pilze überreif und
dunkel sind oder an einem feuchten Tag gepflückt wurden,
schwammige Unterseite entfernen. In Scheiben schneiden.

2 Öl in einer großen Pfanne erhitzen. Vorbereitete Steinpilze
hineingeben und mit etwas Salz bestreuen, damit der Saft
austritt. Etwa 5 Minuten braten, bis die Pilzscheiben an den
Rändern zischen und braun werden – die Garzeit hängt davon
ab, wie feucht die Pilze zu Beginn waren.

3 Knoblauch oder Schalotten und Petersilie zufügen und alles
5 Minuten sanft garen. So viel Semmelbrösel unterrühren, bis
der Saft vollständig aufgesogen ist. Hitze kurz erhöhen, bis die
Semmelbrösel goldbraun sind – fertig.

champignons à la grecque

MARINIERTE CHAMPIGNONS

Ein kleiner Champignonsalat, angemacht mit Zitronensaft und Olivenöl – bescheiden, aber köstlich. Der Zucht-champignon, ein Nachfahre von Agaricus campestris, *dem Wiesenchampignon, heißt in Frankreich* champignon de Paris, *da man ihn auf den Rennbahnen in Paris züchtete, die nach der Revolution nicht mehr genutzt wurden.*

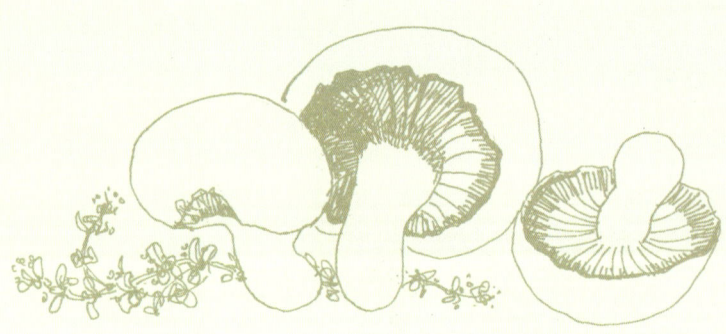

Für 4 Personen

350 g sehr frische Champignons
150 ml Weißwein
2 EL Olivenöl
1 EL Zitronensaft
1 TL Koriandersamen
1 Prise getrockneter Thymian
1–2 Lorbeerblätter, zerkrümelt

ZUM GARNIEREN
1 EL gehackte Petersilie

1 Pilze säubern, in dünne Scheiben schneiden und fächerförmig in einer flachen Schüssel anrichten.

2 Restliche Zutaten in einem kleinen Topf zum Kochen bringen und 1 bis 2 Minuten sprudelnd kochen lassen, bis der Dampf nicht mehr nach Alkohol riecht. Topfinhalt über die Champignons gießen und über Nacht marinieren. Mit Petersilie garniert servieren.

TIPP Für etwas Abwechslung in Aroma und Geschmack sorgen 2–3 EL gehackte Tomate ohne Haut und Samen als Garnierung.

croustade aux chanterelles

PFIFFERLINGKUCHEN

Ein Rezept aus der Provence mit einem Törtchenteig auf Olivenölbasis. Pfifferlinge finden sich im Spätsommer unter Buchen und in Birkenwäldern: Suchen Sie unter dem Laub nach ihren hellorangefarbenen, welligen Hüten. Später im Herbst können Sie eine Mischung aus *pieds de mouton (Semmelstoppelpilze), cèpes (Steinpilze) und trompettes de la mort (Totentrompeten) verwenden.*

Für 4 Personen als Vorspeise

250 g Mehl
4 EL Olivenöl
½ TL Salz

FÜLLUNG
2 EL Olivenöl
350 g Pfifferlinge, in Scheiben geschnitten
1 große Zwiebel, in dünne Ringe geschnitten
1 Thymianzweig
2 EL gehackte schwarze Oliven
4 Eier
100 g Ziegenfrischkäse
Salz und frisch gemahlener schwarzer Pfeffer

1 Mehl, Olivenöl und Salz für den Teig kräftig mit den Fingerknöcheln verkneten, dabei so viel warmes Wasser zufügen, dass eine glatte Kugel entsteht, die sich sauber vom Rand der Schüssel löst. Teigkugel etwas flach drücken, in Klarsichtfolie wickeln und 30 Minuten ruhen lassen. Währenddessen die Füllung zubereiten.

2 Für die Füllung das Öl langsam in einer Pfanne erwärmen, Pfifferlinge, Zwiebel und Thymian zufügen und sanft braten, bis die Pilze Saft abgeben und zu zischen beginnen. Wenn alle Pilze beginnen braun zu werden, Oliven unterrühren. Vom Herd nehmen und abkühlen lassen. Thymianzweig herausnehmen.

3 Ofen auf 200 °C vorheizen. Teig so ausrollen, dass er in eine runde Obstkuchenform von etwa 25 cm Durchmesser passt. Boden in die Form legen, Rand andrücken und Boden mehrmals mit der Gabel einstechen. 10 bis 15 Minuten backen. Wenn der Teig Blasen wirft, erneut mit der Gabel einstechen.

4 Inzwischen die Eier mit dem Frischkäse, etwas Salz und reichlich schwarzem Pfeffer verrühren. Pilzmischung unterrühren. Füllung auf dem Teigboden verteilen. Ofentemperatur auf 180 °C reduzieren und den Kuchen 35 bis 40 Minuten backen, bis die Füllung fest ist, in der Mitte auf Druck aber noch etwas nachgibt.

morilles à la crème

MORCHELN MIT SAHNE

Die Morchel, Morcella esculenta, ist ein Frühlingspilz und liebt offenes Gelände, zu finden auf Wiesen und an Straßenrändern. Morcheln haben einen charakteristischen faltigen Hut und einen fast ebenso verführerischen Duft wie Trüffeln. Sie lassen sich gut trocknen, ohne dass Konsistenz oder Aroma darunter leiden. In einer Sauce oder einem Eintopf sind getrocknete Morcheln sogar besser als frische – 25 Gramm getrocknete entsprechen dabei 150 Gramm frischen Morcheln.

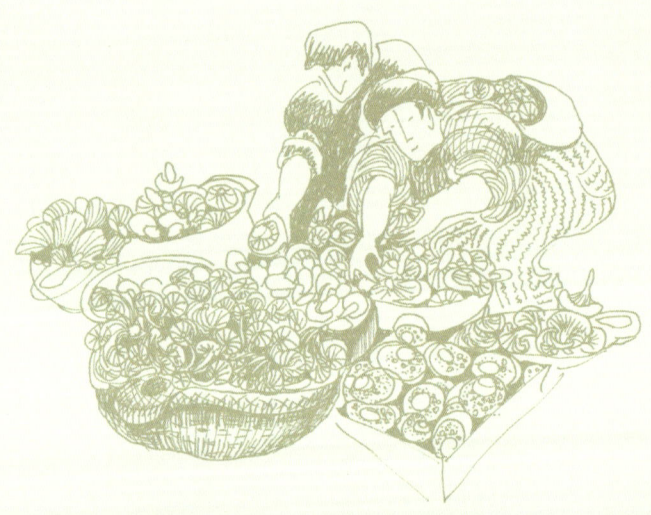

Für 4 Personen

350 g frische Morcheln
50 g Butter
Salz
1 EL gehackte Petersilie
1 Prise getrockneter Thymian
150 ml Crème fraîche
frisch gemahlener Pfeffer
4 dicke Scheiben *pain de campagne* oder kräftiges Landbrot,
z. B. Sauerteigbrot

1 Eventuell vorhandenen Sand aus den Morcheln schütteln, holzige Enden von den Stielen abschneiden und die kleinen Hüte mit den wabenartigen Vertiefungen in Scheiben schneiden.

2 Butter in einem Topf erhitzen, Pilze hineingeben und 2 bis 3 Minuten braten, bis der Saft austritt. Mit etwas Salz, der Petersilie und einer Prise Thymian bestreuen und braten, bis die Pilze zischen und leicht braun werden. Crème fraîche unterrühren, mit Pfeffer würzen und einige Minuten köcheln lassen.

3 Inzwischen vier Scheiben Brot toasten. Morcheln mit der Sauce auf dem Toast verteilen und mit etwas frisch gemahlenem Pfeffer würzen.

TIPP Falls keine frischen Morcheln erhältlich sind, diese durch einige getrocknete Morcheln ersetzen (vorher in etwas Wasser eingeweicht) und mit Austernpilzen kombinieren.

topinambours à la provençale

TOPINAMBUR MIT KNOBLAUCH UND OLIVEN

Die Topinambur oder Erdbirne stammt aus der Neuen Welt und ist ein Mitglied der Korbblütlerfamilie, zu der auch die Sonnenblume gehört. Ihre Süße verdankt die Knolle dem Inulin, einem natürlichen Zucker, der für Diabetiker verträglich ist. Durch ihre knubbelige Form ist die Topinambur schwer zu schälen; kochen Sie sie 10 Minuten in Salzwasser, und reiben Sie die papierartige Schale dann ab.

Für 4 Personen

500 g Topinambur, nach Belieben geschält oder ungeschält
2 EL Olivenöl
1 EL schwarze Oliven, mit oder ohne Stein
2 EL Zitronensaft
1 TL fein abgeriebene Schale von 1 unbehandelten Zitrone
75 ml Weißwein
150 ml Hühner- oder Gemüsebrühe
¼ TL frisch geriebene Muskatnuss
frisch gemahlener Pfeffer
1 Knoblauchzehe, gehackt
2 EL gehackte Petersilie
Salz

1 Topinambur in walnussgroße Stücke schneiden, abspülen und in einen Topf geben. Olivenöl, Oliven, Zitronensaft und -schale sowie Wein zufügen und mit Brühe auffüllen, bis die Stücke knapp bedeckt sind. Mit Muskatnuss und Pfeffer würzen.

2 Zum Kochen bringen, Hitze reduzieren, Deckel auflegen und in 25 bis 30 Minuten sanft garen. Deckel abnehmen und restliche Flüssigkeit verdampfen lassen, so dass der Topinambur leicht angebraten wird.

3 Knoblauch und Petersilie unterrühren und 1 Minute kräftig weiterbraten lassen. Vorsichtig salzen und zimmertemperiert servieren.

artichauts à la barigoule

ARTISCHOCKEN NACH TRÜFFELART

A rtischocken werden auf den Märkten der Provence den
ganzen Sommer über in großen Bündeln kaum teurer als
Kohlköpfe verkauft; die Köche können daher so verschwende-
risch damit umgehen, wie sie möchten. Noch besser: Die
Herzen können für einen geringen Aufpreis fertig zubereitet
erstanden werden. Die aromatische Brühe in diesem Rezept
soll den Artischocken das Aroma der barigoule verleihen,
einer hellfleischigen Sommertrüffelsorte.

Für 4–6 Personen

8–12 Artischockenherzen plus Stieloberteile
4 EL Olivenöl
1 große Zwiebel, fein gehackt
2–3 Knoblauchzehen, fein gehackt
1 Karotte, fein gehackt
1–2 Selleriestangen, fein gehackt
3 EL fein gehackte schwarze Oliven
2 EL gehackter *jambon cru* (Räucherschinken)
oder magerer Schinkenspeck
1–2 getrocknete oder frische Thymianzweige, gehackt
2 getrocknete oder frische Salbeiblätter, gehackt
1–2 Lorbeerblätter
1 Glas Weißwein
Salz und frisch gemahlener Pfeffer
etwas Zucker

ZUM ABRUNDEN
1 EL gehackte Petersilie
2–3 EL Semmelbrösel

1 Zubereitete Artischockenherzen (siehe S. 64) vierteln. Stiele putzen, die ungenießbare, faserige Außenschicht abschälen und den zarten Innenteil in bohnengroße Stücke hacken.

2 Olivenöl in einer schweren Kasserolle erhitzen. Zwiebel und Knoblauch zufügen und sanft braten, bis sie etwas Farbe nehmen. Karotte, Sellerie, Oliven, Schinken oder Speck sowie die Kräuter zufügen und einige Minuten weiterbraten.

3 Wein und ein Glas Wasser zugießen und sprudelnd aufkochen lassen. Artischockenstücke – Herzen und Stiele – einrühren und erneut aufkochen lassen. Hitze reduzieren, mit Salz, Pfeffer und etwas Zucker abschmecken und Deckel locker aufsetzen. 30 bis 40 Minuten köcheln lassen, bis die Artischocken ganz weich sind. Alternative: Ofen auf 180 °C vorheizen, Kasserolle abdecken (mit Alufolie) und 45 Minuten im Ofen garen.

4 Während des Garens gelegentlich überprüfen, ob das Gemüse noch etwas Wasser braucht. Zum Schluss sollte die Flüssigkeit bis auf einige Esslöffel eingekocht sein. Wenn zu viel Flüssigkeit im Topf ist, sprudelnd aufkochen lassen, bis der Überschuss verdampft ist. Petersilie und so viel Semmelbrösel einrühren, dass der Saft aufgesogen wird. Zimmertemperiert servieren.

ZUBEREITUNG VON ARTISCHOCKENHERZEN Eine Schüssel mit kaltem Wasser bereitstellen und den Saft einer halben Zitrone hineindrücken. Artischocke abspülen und den Stiel nahe am Boden abbrechen. Stiel schälen, um die harten äußeren Fasern zu entfernen (das zarte Innere ist essbar), und in das Zitronenwasser legen, damit er sich nicht verfärbt.

Zähe Außenblätter abbrechen, dann mit einem scharfen Messer die restlichen Blätter 1 cm über dem Boden abschneiden. Innere Blätter einschneiden, bis das Heu sichtbar wird. Heu mit einem scharfkantigen Löffel herauskratzen und den Boden ins Wasser legen. Das Artischockenherz kann nun gegart werden.

ALLES ÜBER ARTISCHOCKEN

Die Artischocke gehört zur Familie der Disteln und ist an den Küsten des Mittelmeers beheimatet. Sie produziert eine Chemikalie (Cynarin), nach deren Genuss alle Getränke süßer schmecken – ein Nachteil für die Weintrinker, aber angenehm für Wassertrinker. Diese Eigenschaft ist so auffällig, dass die Pflanze zu Cäsars Zeiten in Rom einen schlechten Ruf hatte und der Naturforscher Plinius ihre schlechte Wirkung beklagte. Die Artischocke zählt zu den Pflanzen, die Milch für die Käseherstellung gerinnen lassen können und lässt sich daher als Ersatz für das tierische Lab verwenden, ein Verdauungsenzym, das in den Mägen aller Milch gebenden Säugetiere zu finden ist, einschließlich – wenn wir uns nicht über die Tiere stellen wollen – uns Menschen. Diese Eigenschaft lässt sich nutzen, indem man einfache gekochte Artischocken mit einer Sauce aus selbst gemachtem Frischkäse serviert, gut gewürzt und mit Kräutern verfeinert, die in den Boden gelöffelt wird, nachdem man die zarten Blattgründe in eine Vinaigrette getaucht und gegessen hat. Artischocken je nach Größe 20 bis 30 Minuten in Salzwasser garen und vor dem Verspeisen des Herzens das Heu mit einem scharfen Messer heraushebeln. Für den Frischkäse 250 Gramm Quark mit 125 Gramm Crème fraîche verrühren, mit Salz und frisch gemahlenem schwarzem Pfeffer würzen und eine fein gehackte Knoblauchzehe und je einen Esslöffel gehackte Petersilie, Schnittlauch und Kerbel unterrühren.

soufflé au fromage

KÄSESOUFFLÉ

Dieses bekannteste aller Soufflés ist in der Zubereitung zugleich das einfachste, da der Käse sich glatt mit dem Ei verbindet und das Aufgehen nicht behindert. Wichtig sind Form und Fassungsvermögen des Kochgeschirrs. Für dieses Rezept brauchen Sie eine Souffléform (eine runde, feuerfeste Porzellan- oder Glasschüssel mit geraden Seiten) mit einem Durchmesser von 20 cm. Die Größe ist ebenso wichtig wie die geraden Seiten, dank derer das Soufflé gleichmäßig über den Rand steigen kann.

Für 4 Personen

50 g Butter
50 g Mehl
275 ml Milch
100 g reifer Käse, beispielsweise Cantal oder Gruyère, gerieben
¼ TL frisch geriebene Muskatnuss
Salz und frisch gemahlener Pfeffer
1 EL geriebener Parmesan
5 Eier, getrennt

1 Zunächst eine Béchamelsauce zubereiten. Dazu die Butter in einem kleinen Topf auf schwacher Hitze zerlassen, das Mehl hineinstreuen und 2 bis 3 Minuten anschwitzen. Milch mit einem Schneebesen unterrühren und unter Rühren kochen lassen, bis die Sauce glatt und dick ist.

2 Käse unterrühren. Mit Muskatnuss, Salz und Pfeffer würzen und abkühlen lassen.

3 Inzwischen eine etwa handbreite Manschette aus einer doppelten Lage Butterbrotpapier formen und mit Bindfaden von außen fest um die Souffléform binden. Innenseiten der Schüssel und der Manschette buttern und mit dem Parmesan bestreuen.

4 Ofen auf 200 °C vorheizen. Nach dem Abkühlen der Sauce die Eigelbe mit dem Schneebesen unterrühren. Eiweiße steif schlagen und mit einem Metalllöffel unter die Béchamelsauce heben. Der Eischnee kann gründlich untergerührt werden, solange es mit leichten Bewegungen geschieht und genügend Luft eingearbeitet wird (Löffel anheben).

5 Mischung in die Souffléform geben und mit einem Messer knapp unter dem Rand entlangfahren, um das Aufgehen zu begünstigen. 30 Minuten backen, ohne die Ofentür zu öffnen. Aus dem Ofen nehmen, sobald das Soufflé schön aufgegangen ist. Bindfaden zerschneiden, Papiermanschette entfernen und sofort servieren.

VARIANTEN Andere Aromen, die den Käse ersetzen oder anreichern können, sind fein gehackter Spinat oder Schinken, Krebsfleisch in Stücken sowie gehackte, in Butter angebratene Garnelen oder Pilze.

croque monsieur

ÜBERBACKENER TOAST MIT SCHINKEN UND KÄSE

Frankreichs Lieblingstoast wurde dem Larousse Gastronomique *zufolge erstmals 1910 in einem Café in Paris serviert, dem Boulevard des capucines. Er hat den Vorteil, dass er schnell und mit leicht beschaffbaren Zutaten zuzubereiten ist. Die gewünschte Knusprigkeit, der das Gericht seinen Namen verdankt, lässt sich am besten durch Braten in Butter mit einem Schuss Olivenöl erreichen. Das Brot kann aber auch von beiden Seiten mit Butter bestrichen und getoastet werden. Mit einem pochierten Ei obenauf wird aus dem* croque monsieur *ein* croque madame *– aus Gründen, die Sie sich sicherlich selbst zusammenreimen können.*

Für 4 Personen

**8 Scheiben Weißbrot vom Vortag
etwa 100 g weiche Butter
4 Scheiben reifer Käse, beispielsweise Cantal oder Gruyère
4 Scheiben Räucherschinken
2–3 EL Olivenöl**

1 Brot dünn mit etwa der Hälfte der Butter bestreichen und Käse und Schinken zwischen je zwei Scheiben legen. Kruste abschneiden.

2 Restliche Butter mit dem Olivenöl in einer Bratpfanne zerlassen. Sandwiches auf mittlerer Hitze braten, dabei einmal wenden, bis der Käse geschmolzen und das Brot köstlich kross und braun ist.

TIPP Ein gehaltvolleres Gericht – ein kleines Abend- oder einfaches Mittagessen – erhalten Sie, wenn Sie die fertigen *croques* mit einer Käse-Béchamelsauce übergießen, mit geriebenem Käse bestreuen und unter den vorgeheizten Grill schieben, bis der Käse Blasen wirft und braun wird.

salade de fromage
de chèvre chaud

WARMER ZIEGENKÄSESALAT

Dieser einfache kleine Salat ist das Standbein jedes ländlichen Restaurants in den südlichen Regionen Frankreichs, wo die kleinen Weißkäselaibe, die tommes (dieser Name wird auch für ähnliche Zubereitungen aus Schaf- und Kuhmilch verwendet), traditionell von den Ziegenhirten selbst zubereitet und verkauft werden. Die cremigen kleinen Stücke aus frisch gepresstem Quark von der Größe einer Babyfaust werden auf jedem Markt feilgeboten. Sie sind ungewürzt oder in Thymian, Rosmarin oder zerstoßenem buntem Pfeffer gewendet im Angebot. Auch der Reifegrad variiert – flaumig, faltig oder hart. Die frischen tommes in diesem Rezept konnten noch nicht reifen und schmecken nach den besonderen Kräutern und Blättern der Ziegenweide. Das Aroma eines tomme wird derart von lokalen Einflüssen geprägt, dass einheimische Gaumen unterscheiden können, ob die Ziegen auf dieser oder jener Seite des Berges beim Grasen waren.

Für 4 Personen

2 *tommes de chèvre*, gut abgetropft, oder
2 kleine Laibe Ziegenfrischkäse
4 Scheiben Baguette vom Vortag
etwa 6 EL Olivenöl
1 Friséesalat oder anderer bitterer Blattsalat
1 großer Würfel altbackenes Brot, mit Knoblauch eingerieben
etwa 2 EL Weinessig
1 TL Meersalz (*sel de Guerande*, für das Aroma)

1 Grill oder Ofen auf 220 °C vorheizen. Käselaibe horizontal halbieren. Baguettescheiben von beiden Seiten leicht rösten, mit Öl beträufeln und auf jede Scheibe ein Stück Käse legen.

2 Salatblätter mit dem Knoblauchbrot in eine Salatschüssel legen. (Dies ist der *chapon*, ein wesentlicher Teil der französischen Salatschüssel. Er soll die Blätter aromatisieren, wird aber niemals mitgegessen.)

3 Essig mit dem Salz mischen und mit einer Gabel verrühren, bis die Körnchen sich auflösen. Dann das Olivenöl unterschlagen. Salat in dem Dressing wenden.

4 Brot mit Käsescheiben 3 bis 4 Minuten in den heißen Ofen legen, bis der Käse schmilzt und Blasen wirft, oder unter dem Grill rösten. Auf den Salat gleiten lassen und sofort servieren.

Suppen

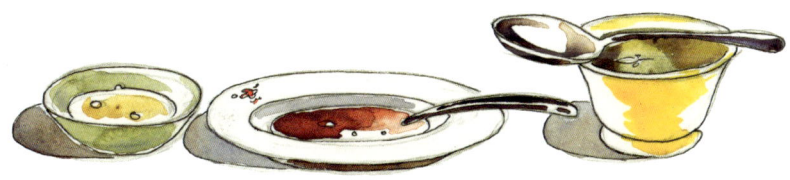

consommé

KLARE RINDERBRÜHE

Diese einfache Rinderbrühe, die nach dem Garen konzentriert, angereichert und geklärt wird, ist eine jener Zubereitungen, an der sich zeigt, wer wirklich kochen kann. Eine consommé kann für sich serviert werden, oder sie dient als Basis für andere Suppen, veloutés (Cremesuppen) und Brühen.

Ergibt etwa 1,5 Liter

2 kg Rinderknochen, grob zerkleinert
1 Hühnerkarkasse (nur Knochen) oder 500 g Hähnchenflügel
500 g Karotten, geschält und grob zerkleinert
500 g Lauch, abgespült und grob zerkleinert
2 Zwiebeln mit Schale, geviertelt
2–3 Selleriestangen, grob zerkleinert
1 kleines gemischtes Bund Lorbeer, Petersilie und Thymian
½ TL weiße Pfefferkörner
Salz

ZUM ANREICHERN
1 kg magere Rinderhachse, grob zerkleinert
1 EL gehackte Tomate (nach Belieben)

ZUM KLÄREN
3 Eiweiße, gut aufgeschlagen

1 Ofen auf 180 °C vorheizen. Rinderknochen in einen Bräter legen und 30 Minuten backen, bis sie gut gebräunt sind.

2 Knochen in einen großen Suppentopf füllen. Hühnerkarkasse, Karotten, Lauch, Zwiebeln, Sellerie, Kräuter und Pfefferkörner zufügen. 3 Liter Wasser zugießen. Langsam zum Kochen bringen, einmal kräftig aufwallen lassen und die Hitze so reduzieren, dass die Flüssigkeit eben simmert. Deckel locker aufsetzen und etwa 2 Stunden sanft köcheln lassen, bis die Brühe aromatisch duftet und kräftig schmeckt.

3 Brühe durch ein Sieb abgießen, feste Zutaten wegwerfen und die Brühe möglichst über Nacht abkühlen lassen. Das Fett, das über Nacht an die Oberfläche steigt und fest wird, am nächsten Morgen abschöpfen.

4 Zum Anreichern die Brühe wieder in den Topf geben und die Rinderhachse zufügen. Zum Kochen bringen und weitere 2 Stunden köcheln lassen, bis das Fleisch alle Nährstoffe abgegeben hat und die Brühe um die Hälfte eingekocht ist. Wenn die Farbe nicht golden genug ist, gehackte Tomate zufügen.

5 Durch ein Sieb abgießen, Knochen wegwerfen und die Brühe wieder in den Topf geben. (Fleisch für ein *hashis parmentier* aufheben, siehe S. 214.) Eiweiße mit dem Schneebesen unterrühren und 20 Minuten köcheln lassen. Das Eiweiß steigt an die Oberfläche, nimmt dabei alle Verunreinigungen mit und hinterlässt eine Brühe von funkelnder Klarheit.

6 Vom Herd nehmen und durch ein feines Gazetuch abgießen. Oberfläche der Brühe mit flach daraufgelegtem Küchenpapier ablöschen, um eventuelle goldene Fettblasen aufzunehmen, die das Klären überstanden haben. *Consommé* elegant in Suppenschüsseln mit zwei Henkeln servieren.

DIE RICHTIGE FARBE DER *CONSOMMÉ* Das Karamellisieren des in Knochen und Fleisch natürlich vorkommenden Zuckers beim kurzen Rösten verleiht der Brühe zusammen mit den Zwiebelschalen und Karotten einen goldenen Hauch.

GELIERTE *CONSOMMÉ* Im Sommer die Suppe abkühlen lassen, über Nacht in den Kühlschrank stellen und als gelierte *consommé* servieren – ganz nach Marcel Proust.

ALLES ÜBER DIE CONSOMMÉ

Das Wissen um die Zubereitung einer guten *consommé* kann nicht überbewertet werden – sagen die Chefköche alter Schule. Vergessen Sie Brühwürfel, lassen Sie die Fertigbrühen im Supermarktregal. Meine erste Lektion in Suppentopf-Etikette erhielt ich in den 1980er-Jahren, als Französisch noch die Sprache der Küche und eine Ausbildung in der Haute Cuisine der Inbegriff der Bestrebungen eines jungen Kochs war. Ich war neu in der Welt des Rezepteschreibens und wollte den Unterschied zwischen der häuslichen und der professionellen Küche verstehen; so verbrachte ich einen Arbeitstag in der Küche von Michel Bourdin, Chefkoch im Connaught Hotel in London. Bourdin war damals der unumstrittene *maître* seiner Zunft. Der Tag begann in der Morgendämmerung, gegen 6.30 Uhr, mit der Zubereitung der Knochen für die Brühe, die als Grundlage für die am Abend im Restaurant servierte *consommé* diente. Riesige Tabletts mit gigantischen glühend heißen Knochen wurden beflissen von muskulösen Köchen herumgewirbelt, die eher zum Gewichtheben qualifiziert zu sein schienen als zum feinfühligen Umgang mit dem Schneebesen. Die spritzende, dampfende Masse mit einem köstlichen Aroma von karamellisiertem Fleisch wurde in Bottiche von der Größe eines Sherryfasses gekippt und blubberte und brodelte dort den ganzen Tag vor sich hin. Diese Vorarbeiten waren jedoch nichts im Vergleich zur Herkulesarbeit des Abseihens und Klärens, für die die gesamte muskulöse Brigade antreten musste. »Und das«, sagte Michel Bourdin und nippte zufrieden an seinem Probierlöffel, »ist der Unterschied zwischen einer Hausfrau und einem Chefkoch.«

velouté de volaille

HÜHNERCREMESUPPE

Diese samtweiche Hühnersuppe, mit Eigelb angedickt und mit Sahne verfeinert, ist eines der Prunkstücke der französischen Küche. Ihr Geheimnis ist die kräftige, hausgemachte Hühnerbrühe.

Für 4 Personen

900 ml Hühnerbrühe
1 Hühnerbrust ohne Knochen, gehäutet
3 Eigelbe
etwa 6 EL Crème fraîche
25 g Butter
25 g Mehl
¼ TL frisch geriebene Muskatnuss
Salz und frisch gemahlener Pfeffer

1 Hühnerbrühe zum Kochen bringen. Hühnerbrust zufügen und je nach Größe 8 bis 12 Minuten pochieren, bis das Fleisch fest und durchgegart ist.

2 Hühnerbrust herausnehmen und grob zerpflücken. Einige Fleischstücke (etwa 1 EL) aufheben, den Rest im Mixer mit einer Kelle Brühe, den Eigelben und der Crème fraîche pürieren, bis die Mischung glatt und flüssig ist. Püree beiseite stellen.

3 Butter in einem großen Topf zerlassen, Mehl einrühren und anschwitzen, bis die Mischung leicht Farbe nimmt, jedoch nicht bräunen lassen. Brühe nach und nach mit dem Schneebesen einrühren und sanft köcheln lassen, bis sie dick wird.

4 Topf vom Herd nehmen und das Huhn-Crème-fraîche-Püree mit dem Schneebesen unterrühren. Unter ständigem Rühren mit dem Schneebesen langsam wieder erhitzen, bis die Suppe fast kocht. Abschmecken und mit Muskatnuss, Salz und Pfeffer würzen. Aufgehobene Hühnerstückchen in die Suppe geben und ohne erneutes Erhitzen servieren.

VARIANTE Für ein *velouté* mit Spargel oder Artischocken- herzen das Gemüse wie üblich zubereiten, alle holzigen Stücke entfernen und statt der Hühnerbrust in der Brühe pochieren. Fertig stellen, wie im Rezept angegeben, dabei das Gemüse mit der Sahne und den Eigelben pürieren.

potage germiny

KALTE SAUERAMPFERSUPPE

Wenn Sie keinen Sauerampfer kaufen können, sammeln Sie ihn einfach selbst – die spitzen, herzförmigen dunkelgrünen Blätter sind unverwechselbar. Zwar lässt sich nur der feinste Gaumen nicht täuschen, wenn Sie stattdessen Brunnenkresse und einen Spritzer Zitronensaft verwenden, aber wenn Sie erst einmal die erfrischende Schärfe von Sauerampfer schätzen gelernt haben, wird er Ihnen unersetzlich sein.

Für 4–6 Personen

2 große Handvoll Sauerampferblätter, abgespült und zerpflückt
25 g Butter
900 ml kräftige Hühnerbrühe
25 g Mehl
150 ml Crème fraîche
Salz und frisch gemahlener Pfeffer

Zum Abrunden
etwas Crème fraîche
einige Sauerampferblätter, zerpflückt
Croûtons, in Olivenöl und Butter gebraten

1 Sauerampfer mit einer Prise Salz und der Butter in einen Topf geben. Deckel aufsetzen und auf dem Herd 2 bis 3 Minuten schütteln, bis die Blätter zusammenfallen.

2 Topfinhalt mit Hühnerbrühe und Mehl im Mixer glatt pürieren. Mischung wieder in den Topf gießen und zum Kochen bringen, dabei mit dem Schneebesen rühren, bis die Suppe etwas eindickt und nicht mehr nach Mehl schmeckt.

3 Crème fraîche mit dem Schneebesen unterrühren. Mit Salz und Pfeffer abschmecken. Topf vom Herd nehmen und abkühlen lassen. Anschließend die Suppe kalt stellen.

4 Gekühlte Suppe mit einem eingerührten Klecks Crème fraîche und einigen frischen Sauerampferschnitzeln garniert servieren. Einen schönen Kontrast bilden die knusprigen Croûtons – diese heiß in einer separaten Schüssel reichen.

soupe à l'oignon

ZWIEBELSUPPE

Eine klare Knochenbrühe mit reichlich Zwiebeln war die typische frühmorgendliche Stärkung in Les Halles, dem Fleischmarkt von Paris. Der Markt ist inzwischen an den Stadtrand gezogen. Als er noch im Zentrum stattfand (bis in die späten 1950er-Jahre), gesellten sich gern Studenten (darunter gelegentlich auch ich) zu den Arbeitern und Händlern an den großen Gemeinschaftstischen der umliegenden Cafés. Eine marmite – ein tiefer, rundbauchiger Steinguttopf – ist das traditionelle Kochgeschirr für diese schwere, langsam geköchelte Suppe.

Für 4–6 Personen

**750 g Zwiebeln, in sehr dünne Ringe geschnitten
75 g Butter
150 ml Weißwein
600 ml kräftige Rinderknochenbrühe
Salz und frisch gemahlener Pfeffer**

ZUM SERVIEREN
**4–6 dicke Scheiben Baguette vom Vortag
etwa 175 g Käse, beispielsweise Cantal,
Gruyère oder Emmentaler**

1 Zwiebeln in der Butter anbraten. Mindestens 20 Minuten sehr langsam garen und gelegentlich umrühren, bis sie weich und goldbraun sind.

2 Wein zufügen. Zum Kochen bringen und einige Minuten sprudelnd kochen lassen, damit der Alkohol verdampft. Brühe und 300 ml kaltes Wasser zugießen und mit Salz und Pfeffer würzen. Wieder zum Kochen bringen und die Hitze reduzieren. Auf schwacher Hitze 20 Minuten köcheln lassen.

3 Inzwischen den Ofen auf 150 °C vorheizen. Baguette-scheiben zum Trocknen in den Ofen legen. Brot auf Suppenschüsseln verteilen, dann die heiße Suppe darüberschöpfen; das Brot steigt an die Oberfläche. Den Grill vorheizen und den Käse auf das Brot reiben, dann die Schüsseln unter den Grill stellen, bis der Käse geschmolzen und braun ist. Oder Käse und Reibe zur Selbstbedienung am Tisch reichen, wie es in Les Halles üblich war.

TIPP Eine gehaltvollere Suppe erhalten Sie durch Andicken der fertigen Brühe mit 2 Eiern, die mit einer Kelle heißer Suppe verrührt werden. Anschließend wieder erwärmen, ohne die Suppe zum Kochen zu bringen.

vichyssoise

KALTE LAUCH-KARTOFFEL-SUPPE

Dieses relativ moderne Rezept (höchstens hundert Jahre alt) ist eine Verfeinerung der klassischen Lauch-Kartoffel-Suppe, erfunden von einem Koch aus dem Bourbonnais, der in den USA arbeitete. Im Original wird statt mit Sahne mit Butter angereichert, und die Suppe wird heiß statt kalt serviert. Zur vichyssoise *passen Radieschen und heißes, gebuttertes Knoblauchbrot.*

Für 4–6 Personen

**2 große Lauchstangen, nur der weiße Teil,
in dünne Ringe geschnitten
2 große Kartoffeln, geschält und grob zerkleinert
1 kleines gemischtes Bund Lorbeer, Thymian und Petersilie
Salz und frisch gemahlener Pfeffer
150 ml Crème fraîche**

ZUM GARNIEREN
Schnittlauchröllchen

1 Lauch und Kartoffeln mit den Kräutern und etwas Salz
30 bis 40 Minuten in 1 Liter Wasser sehr weich kochen.

2 Kräuter entfernen und die Suppe in einem Mixer glatt
pürieren. Abschmecken und Salz und Pfeffer zufügen.
Abkühlen lassen, dann die Crème fraîche mit dem Schneebesen
unterrühren. Suppe kalt stellen. Zum Servieren mit Schnittlauchröllchen bestreuen.

KNOBLAUCHBROT Ein Baguette vom Vortag mehrmals
diagonal einschneiden und die Schlitze mit Knoblauchbutter
füllen – je frischer der Knoblauch, desto milder das Aroma.
Baguette nach Belieben in Alufolie wickeln oder auch nicht:
Ohne Folie wird die Kruste krosser, aber es könnte etwas Butter
verloren gehen. Baguette in einen auf 180 °C vorgeheizten Ofen
legen und etwa 20 Minuten backen, bis die Butter geschmolzen
ist und das Brot durchdrungen hat.

Gemüse

pommes de terre sautées

BRATKARTOFFELN

Sie brauchen nur Kartoffeln, Butter und Petersilie für dieses herrliche Rezept aus Nordfrankreich, dem Milchland, wo in Butter – nicht in Olivenöl wie im Süden oder in Gänseschmalz wie in Mittelfrankreich – angebraten wird. Französische ungesalzene Butter hinterlässt beim Auslassen kaum Rückstände und hat daher einen relativ hohen Flammpunkt. Deswegen ist sie ideal geeignet für das Sautieren bei hohen Temperaturen – wörtlich bedeutet dieser Begriff übrigens »in die Pfanne springen«. Bratkartoffeln passen gut zu gegrillten Lammkoteletts oder einem mit Petersilienbutter (siehe S. 252) verfeinerten Steak.

Für 4 Personen

1 kg Kartoffeln, gebürstet, aber nicht geschält
Salz
100 g ungesalzene französische Butter
frisch gemahlener Pfeffer
2 EL gehackte glatte Petersilie

1 Kartoffeln großzügig mit Salzwasser bedecken und in etwa 20 Minuten weich kochen. Abtropfen lassen, wieder in den Topf geben und auf dem Herd rütteln, bis sie vollständig trocken sind. Kartoffeln vom Herd nehmen und beiseite stellen. Sobald sie sich anfassen lassen, pellen und in dicke Scheiben schneiden.

2 Butter in einer großen, schweren Pfanne zerlassen. Kartoffelscheiben hineingeben, mit Salz und Pfeffer würzen und 8 bis 10 Minuten kräftig anbraten, dabei die Scheiben vorsichtig wenden, um sie von beiden Seiten zu bräunen. Direkt vor dem Servieren mit Petersilie bestreuen.

pommes de terre à la boulangère

KARTOFFELN AUS DEM BROTOFEN

In alten Zeiten, bevor jeder Haushalt einen eigenen Ofen hatte, wurden solche gebackenen Gerichte zum Dorfbäcker gebracht, der sie in den abkühlenden Ofen schob, nachdem er mit dem Brotbacken fertig war. Diese Dienstleistung bot er für ein geringes Entgelt an, und der Name blieb bestehen, obwohl der Bäcker heute nicht mehr in Anspruch genommen wird.

Für 4–6 Personen

50 g Butter
2 Zwiebeln, in dünne Ringe geschnitten
100 g durchwachsener Speck, gewürfelt
1 kg Kartoffeln, geschält und in dünne Scheiben geschnitten
½ TL Thymianblätter
1 kleines Stück Lorbeerblatt, zerkrümelt
etwa 600 ml kochende Brühe
(Hühner-, Rinder- oder Gemüsebrühe)

1 Ofen auf 180 °C vorheizen. Butter in einer Bratpfanne erhitzen und Zwiebeln und Speck anbraten, bis die Zwiebeln leicht Farbe nehmen.

2 Kartoffeln, Speck-Zwiebel-Mischung und Kräuter in eine große Auflaufform schichten. Mit kochender Brühe übergießen, bis die Zutaten vollständig bedeckt sind.

3 Form mit Alufolie abdecken (glänzende Seite nach unten). Im Ofen 30 Minuten backen. Folie entfernen und 15 bis 30 Minuten weiterbacken, bis die Kartoffeln weich und oben braun sind.

gratin dauphinois

ÜBERBACKENE KARTOFFELN MIT SAHNE

Eines der köstlichsten und einfachsten Kartoffelrezepte überhaupt! Die Kombination von Sahne und Kartoffeln muss nur leicht mit Knoblauch und Muskatnuss gewürzt werden. Kein Käse, keine Eier, nur Traditionalisten geben bisweilen noch dünne Weißrübenscheiben hinein. Die Dicke der Kartoffelscheiben bestimmt die Garzeit.

Für 4–6 Personen

1 Knoblauchzehe
1 kg fest kochende Kartoffeln, geschält
und in Scheiben geschnitten
1 kleine Weißrübe, geschält und in dünne
Scheiben geschnitten
Salz und frisch gemahlener Pfeffer
½ TL frisch geriebene Muskatnuss
etwa 600 ml saure Sahne
1 walnussgroßes Stück Butter

1 Ofen auf 150 °C vorheizen. Auflaufform wählen, die gerade
groß und tief genug ist, um die Kartoffelscheiben in drei bis
vier Schichten aufzunehmen. Knoblauch halbieren und die Form
damit ausreiben. Kartoffel- und Rübenscheiben in die Form
legen, zwischen den Schichten mit Salz, Pfeffer und Muskatnuss
bestreuen.

2 Sahne aufkochen und über die Kartoffeln gießen, bis die
Scheiben knapp bedeckt sind. Mit einigen Butterflocken
belegen und fest mit einem Deckel oder Alufolie (glänzende Seite
nach unten) verschließen.

3 1 bis 1½ Stunden backen, bis die Kartoffeln weich sind und
die Sahne fast vollständig aufgesogen haben. Nach 1 Stunde
mit dem Messer eine Garprobe machen. 15 Minuten vor Ende
der Backzeit den Deckel abnehmen und die Hitze auf 200 °C
erhöhen, bis die Oberseite braun wird und Blasen wirft.

pommes de terre mousseline

CREMIGER KARTOFFELBREI

Französischer Kartoffelbrei wird mit Eigelb und Sahne verfeinert und mit Muskatnuss gewürzt. Wählen Sie mittlere, etwa gleich große Kartoffeln, damit sie gleichzeitig gar sind. Wenn die Kartoffeln sehr groß sind, nicht kochen, sondern in der Schale backen und das weiche Innere herauslöffeln.

Für 4–6 Personen

1 kg Kartoffeln, gebürstet, aber nicht geschält
Salz
175 g weiche Butter
4 Eigelbe
200 ml geschlagene Sahne
frisch gemahlener weißer Pfeffer
½ TL frisch geriebene Muskatnuss

ZUM ABRUNDEN (NACH BELIEBEN)
gehackte frische Kräuter, wie Petersilie, Kerbel
und/oder Schnittlauch
etwas zerlassene Butter

1 Kartoffeln in Salzwasser 25 bis 30 Minuten ganz weich
kochen. Gründlich abtropfen lassen und auf dem Herd kurz
rütteln, bis die überschüssige Flüssigkeit verdampft ist.

2 Etwas abkühlen lassen, dann pellen und durch eine Kartoffelpresse oder durch ein Sieb drücken. Kartoffeln wieder in
den Topf geben, sanft erhitzen und die Butter unterschlagen.
Vom Herd nehmen und die Eigelbe einrühren. Schlagsahne
unterheben. Mit Salz, Pfeffer und Muskatnuss würzen.

3 Der Kartoffelbrei kann einfach oder mit Kruste serviert werden. Für die einfache Version in eine vorgewärmte Schüssel
häufen und mit gehackten Kräutern bestreuen. Für die Version
mit Kruste den Ofen auf 200 °C vorheizen. Kartoffelbrei in einer
Auflaufform verteilen, mit zerlassener Butter beträufeln und
10 Minuten backen, bis er leicht gebräunt ist und Blasen wirft.

DUCHESSE-KARTOFFELN Schlagsahne weglassen und mit
einem Spritzbeutel durch eine sternförmige Tülle kleine
Pyramiden der heißen Masse auf ein gebuttertes Backblech
spritzen, mit etwas zerlassener Butter beträufeln und wie oben
beschrieben backen.

KARTOFFELKROKETTEN Kartoffelbrei abkühlen und fest
werden lassen, dann zu kleinen, korkenförmigen Pastetchen
formen. Kroketten leicht in Mehl wenden, in Ei und Semmelbrösel tauchen und 10 Minuten beiseite stellen, bis die Panade
angetrocknet ist. Braun und kross frittieren.

pommes de terre salardaises

In Gänseschmalz gebratene Kartoffeln

In Confit-Fett gebräunte Kartoffeln sind ein Winterrezept aus dem Périgord, dem Land der Stopfgänse. Zusammen mit einem gegrillten magret de canard *oder* d'oie *(Enten- oder Gänsebrust) ist dies das typische Gericht der Region. Gänseschmalz kann man in Dosen kaufen, oder man fängt von der Weihnachtsgans oder der Sonntagsente das Fett selbst auf. Wenn Sie den Vogel auf einem Rost über einem Bratblech mit etwas Wasser darin rösten, bleibt das Fett weiß und verbrennt nicht. Als besonderen Leckerbissen können Sie einige frische Trüffelscheiben hinzufügen.*

Für 4 Personen

3 EL Gänse- oder Entenbratfett
1 kg Kartoffeln, geschält und in mundgerechte
Stücke geschnitten
4 Knoblauchzehen, in Scheiben geschnitten, oder
1 große Zwiebel, in dünne Halbringe geschnitten
Salz und frisch gemahlener Pfeffer
2 EL gehackte glatte Petersilie

1 Fett in einer großen Pfanne erhitzen. Sobald das Fett zu zischen beginnt und das Wasser abgibt, Kartoffeln hineingeben und 10 Minuten auf kleiner Flamme wenden, bis sie bräunen.

2 Knoblauch oder Zwiebel und ein Weinglas voll Wasser zufügen. Mit Salz und Pfeffer würzen, aufkochen lassen und weitere 10 bis 15 Minuten sanft garen. Kartoffeln mit einer Gabel aufbrechen und leicht zerkrümeln, jedoch nicht stampfen.

3 Unter Rühren sanft weitergaren, bis das Wasser verdampft ist und die Mischung wieder zu braten beginnt. Petersilie unterrühren und vom Herd nehmen. Die Kartoffeln sollten das gesamte Fett aufgesogen haben, noch etwas Form haben und köstlich goldbraun und weich sein.

aligot

KARTOFFELN MIT KÄSE

Dieses außergewöhnliche Gericht aus den Schluchten der Auvergne wird traditionell bei Hochzeiten serviert. Landküche par excellence: Wenn dieses Gericht auf der Speisekarte eines eleganten Restaurants erscheint (das ist manchmal der Fall), können Sie sicher sein, dass der Koch aus dieser Region stammt und das Rezept von seiner Großmutter geerbt hat. Der richtige Käse ist der einheimische tomme de Cantal, es geht aber auch mit Emmentaler oder Gruyère. Je länger das Gericht gerührt wird, desto leichter ist es.

Für 4–6 Personen

1 kg mehlige Kartoffeln
Salz
1 Knoblauchzehe, halbiert
150 ml Crème double
100 g Butter, in Würfel geschnitten
500 g *tomme de Cantal*, in Scheiben geschnitten

1 Kartoffeln mit Schale mit kaltem Salzwasser bedecken und
kochen. Etwa 20 Minuten, nachdem das Wasser aufgekocht
ist, wenn die Kartoffeln ganz weich sind, abgießen. Stehen lassen,
bis man sie gerade anfassen kann.

2 Kartoffeln pellen und wieder in den Topf geben. Auf
schwacher Hitze gründlich stampfen.

3 Inzwischen einen schweren Topf mit der Schnittseite der
Knoblauchzehe ausreiben (Rest wegwerfen – ein wenig
Knoblaucharoma genügt hier, sonst erstickt es den Käse-
geschmack). Crème double und Butter sanft zum Kochen
bringen. Sobald die Butter schmilzt, den Kartoffelbrei
unterrühren.

4 Wenn die Kartoffeln dampfen, den Käse zufügen und mit
einem Holzlöffel oder einem Pfannenwender unterschlagen,
dabei das Küchengerät immer wieder hochheben, um möglichst
viel Luft einzuarbeiten. Servieren, sobald der Käse vollständig
geschmolzen und die Mischung leicht und locker ist, da sie rasch
wieder zusammenfällt.

SERVIERTIPP Aligot ist köstlich, aber schwer. Wenn Sie Ihren
Magen schonen wollen, servieren Sie es nicht mit Wein oder
kalten Getränken. Raten Sie Ihren Gästen, nichts zu trinken, bis
sie ihre Portion gegessen haben. Dann servieren Sie ihnen einen
Schluck Obstler – *eau de vie de prune* oder *framboise* oder *poire* –,
um den Magen zu beruhigen.

petits pois à la française

GRÜNE ERBSEN MIT ZWIEBELN UND SALAT

Ein langsam geköcheltes Erbsengericht, das immer als separater Gang serviert und nach dem Fleisch gereicht wird. Das lange, sanfte Garen funktioniert mit gefrorenen Erbsen ebenso gut wie mit frischen.

Für 4 Personen

750 g gepalte junge Erbsen
12 sehr kleine Babyzwiebeln, gehäutet
1 kleiner Romana-Salat, zerpflückt
einige Petersilien- und Kerbelstängel, gebündelt
150 ml Weißwein oder Wasser (oder eine Mischung)
1 walnussgroßes Stück Butter
1 EL Zucker
1 TL Salz

ZUM ABRUNDEN
1 walnussgroßes Stück Butter,
in kleine Stücke geschnitten

1 Alle Zutaten (außer der Butter zum Abrunden) in einen schweren Topf geben. Zum Kochen bringen und kurz kochen lassen, damit der Alkohol verdampft, falls Wein verwendet wird.

2 Deckel aufsetzen und 30 bis 40 Minuten sanft köcheln lassen, bis die Erbsen ihre frische grüne Farbe verloren haben und die Kochflüssigkeit bis auf einige Esslöffel eingekocht ist. Kräuterbund herausnehmen und die Butter zum Abrunden unterrühren.

VARIANTEN *Petits pois à la bonne femme:* Wie oben zubereiten, den Salat jedoch weglassen. Wein durch Hühnerbrühe ersetzen und 1 EL gewürfelten rohen Schinken oder mageren Schinkenspeck zufügen.

Petits pois à la fermière: Wie oben zubereiten, jedoch eine Handvoll Babykarotten zufügen.

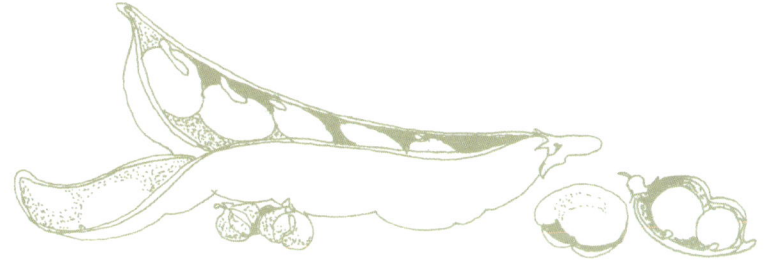

confit d'oignons

KARAMELLISIERTE ZWIEBELN

M ilde, süße rote Zwiebeln sind inzwischen weithin erhältlich – das Gericht kann aber auch mit gewöhnlichen Zwiebeln zubereitet werden.

Ergibt etwa 600 ml

50 g Butter
6 EL brauner Zucker
6 große rote Zwiebeln, in dünne Ringe geschnitten
2 EL Rotweinessig
2 EL Rotwein
Salz und frisch gemahlener weißer Pfeffer
1 EL Honig

1 Butter in einem schweren Topf zerlassen und den Zucker einrühren. Auf mittlerer Hitze 10 Minuten rühren. Wenn die Mischung hellbraun karamellisiert ist, Zwiebelringe, Essig und Wein einrühren. Einen Schuss Wasser zufügen und zum Kochen bringen.

2 Hitze reduzieren, Deckel aufsetzen und 15 Minuten weiterköcheln lassen, bis die Zwiebeln weich sind. Vom Herd nehmen, mit Salz und Pfeffer abschmecken und den Honig einrühren.

puree d'ail à la crème

KNOBLAUCHPÜREE MIT SAHNE

Dieses duftende, glatte und reichhaltige Püree ist die ideale Beilage für gegrilltes Fleisch, passt aber auch zu Spiegeleiern. Am besten schmeckt es mit frischem Knoblauch, wenn die Hülle noch weich und die Zehen prall und mild-aromatisch sind. Wenn Sie älteren Knoblauch verwenden, die Zehen halbieren und den kleinen grünen Trieb in der Mitte entfernen.

Für 4–6 Personen

10 Knollen frischer Knoblauch
150 ml Crème double
Salz und frisch gemahlener Pfeffer

1 Knoblauchzehen schälen und mit kochendem Salzwasser bedecken. 10 Minuten köcheln lassen. Abtropfen lassen. Wenn der Knoblauch etwas älter ist, 5 Minuten länger garen.

2 Knoblauch durch eine Kartoffelpresse drücken, dann die Crème double unterrühren. Alternative: Knoblauch mit der Crème double in einem Mixer glatt pürieren. Zum Servieren wieder aufwärmen und mit Salz und Pfeffer würzen.

tomates à la provençale

Langsam gekochte Tomaten mit Knoblauch

Ein einfaches, aber geniales Rezept. Die Tomaten erreichen ihre konzentrierte Süße nur durch langes, sanftes Garen – geben Sie ihnen also die Zeit, die sie brauchen. Geschmorter Fenchel ist die ideale Ergänzung.

Für 4 Personen

8 große, reife Fleischtomaten
3 EL Olivenöl
2 Knoblauchzehen, geschält
Salz
eine Handvoll glatte Petersilie

1 Tomaten halbieren und die Samen entfernen. Öl in einem
großen, flachen Topf erwärmen. Tomaten mit der Schnittseite
nach unten in den Topf geben. 40 bis 45 Minuten auf kleinster
Flamme garen, dabei den Topf gelegentlich rütteln, damit sie
nicht ansetzen.

2 Knoblauch mit Salz zerdrücken und mit der Petersilie sehr
fein zerkleinern. Tomaten wenden und mit Salz, Knoblauch
und Petersilie bestreuen. Von der anderen Seite sehr sanft
weitergaren lassen – 30 Minuten sind nicht zu lang.

GESCHMORTER FENCHEL Fenchelknollen putzen und
vierteln und in einer Schicht in eine Auflaufform legen. Mit
Zitronensaft beträufeln und halb mit Brühe oder Weißwein und
Wasser bedecken. Butterflocken darauf geben, mit Salz und
Pfeffer würzen. Mit Alufolie abdecken (glänzende Seite nach
unten) und bei 180 °C 1 Stunde im Ofen backen, bis der Fenchel
ganz weich ist.

carottes vichy

Karotten mit Butter und Petersilie

Die bestimmenden Zutaten sind hier Zucker und entweder Natron – in Frankreich als Vichy-Salz bekannt – oder Vichy-Wasser, ein stark mineralisch schmeckendes Wasser, das hoch geschätzt wird. Die französische Hausfrau mag ihr Gemüse nicht untergart und knackig, sondern gut durch und weich. Anders zu Beginn der Saison, wenn die primeurs, das frühe Babygemüse, auf den Markt kommen: Da kocht sie das zarte junge Gemüse vielleicht überhaupt nicht, sondern serviert es roh als hors d'œuvre – crudités – mit Mayonnaise. Grünes Gemüse wird gewöhnlich eher gedämpft als gekocht, abgegossen, sobald es weich ist, unter fließend kaltem Wasser abgeschreckt, um den Garprozess zu stoppen, und dann bei Bedarf in reichlich Butter wieder aufgewärmt.

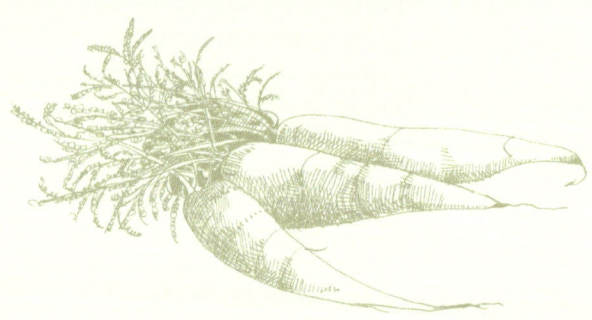

Für 4–6 Personen

**1 kg junge Karotten, abgeschabt und
in dünne Scheiben geschnitten
150 ml Mineralwasser, vorzugsweise Vichy Saint-Yorre
1 TL Zucker
50 g Butter
Salz und frisch gemahlener Pfeffer
1 EL gehackte Petersilie**

1 Karottenscheiben mit Mineralwasser, Zucker und einem haselnussgroßen Stück Butter in einen schweren Topf geben. Mit Salz und Pfeffer würzen, zum Kochen bringen und den Deckel fest auflegen.

2 Hitze reduzieren und 10 bis 15 Minuten sanft kochen, bis die Flüssigkeit vollständig aufgesogen ist und die Karotten vollkommen weich sind. Zum Ende der Garzeit Deckel abnehmen und den Topf auf dem Herd schütteln, damit die verbleibende Flüssigkeit verdampft.

3 Restliche Butter in kleine Stücke hacken. Zum Servieren die Karotten in Butter und Petersilie wenden – beides sollte dabei seine Frische behalten.

Eier

œufs à la coque

WEICH GEKOCHTE EIER

Greifen Sie auf Eier von frei laufenden Hühnern zurück, am besten aus biologischer Haltung. Ein perfekt weich gekochtes Ei ist eine Sache der Präzision – bis auf Sekunden der Garzeit. Wenn die Eier aus dem Kühlschrank kommen, lassen Sie sie vor dem Garen auf Zimmertemperatur kommen. In Frankreich gibt es in der Regel keine Eierbecher – man schält die Eier und isst sie mit der Gabel, statt den oberen Teil abzuschlagen und den Inhalt aus der Schale zu löffeln.

Für 1 Person

2 Eier

1 Einen großen Topf Wasser zum Kochen bringen. Wenn das Wasser kocht, den Topf vom Herd nehmen und die Eier hineingleiten lassen. Topf wieder auf den Herd stellen, Deckel aufsetzen und weiterköcheln lassen.

2 Wenn das Eiweiß weich und das Eigelb flüssig sein soll, die Eier je nach Größe nach 3 bis 3 ½ Minuten mit einem Schaumlöffel aus dem Wasser nehmen. Wenn Sie die Eier 1 ½ Minuten länger im Wasser lassen, haben Sie *œufs mollets*, wachsweich gekochte Eier. Eier sofort in kaltes Wasser tauchen und schälen; das Eiweiß ist fest und das Eigelb noch weich.

TIPP Gesalzen und gepfeffert, schmecken die Eier köstlich zu Spargel.

œufs en gelée

POCHIERTE EIER IN ASPIK

Dieses Rezept steht und fällt mit einem gut gewürzten Aspik aus einer kräftigen consommé (siehe S. 74), das entweder durch die Zugabe einiger Kalbshachsen oder -füße zur Grundbrühe oder mithilfe hochwertiger Gelatine aus der Packung geliert. Gelatine ist in Pulver- und Blattform erhältlich – befolgen Sie die Packungsanweisungen, und lassen Sie die Gelatine in kaltem Wasser quellen, bevor Sie sie zur heißen consommé geben. Anschließend gründlich verrühren.

Für 4 Personen

8 sehr frische Eier aus Freilandhaltung
2 EL Weinessig
2–3 dünne Scheiben Schinken, in dünne Streifen geschnitten
600 ml Aspik, abgekühlt und leicht geliert
8 kleine frische Estragonzweige oder große Estragonblätter

1 Acht kleine Soufflé-Förmchen und eine Schüssel mit Eiswasser bereitstellen. Ein Ei in eine Tasse schlagen. 1 Liter Wasser in einer großen, ausreichend tiefen Pfanne zum Kochen bringen. Essig zufügen (kein Salz, sonst setzt sich das Eiweiß ab) und erneut aufkochen lassen.

2 Hitze reduzieren, bis das Wasser siedet. Mit einem Löffel umrühren, bis ein Wasserstrudel entsteht, dann das Ei aus der Tasse in die Mitte des Strudels gleiten lassen. Ein weiteres Ei erst in die Tasse schlagen, dann in die Pfanne gleiten lassen. Eier 3 bis 4 Minuten im schwach siedenden Wasser pochieren lassen, dann mit einem Schaumlöffel herausnehmen und ins Eiswasser geben. Fortfahren, bis alle Eier gar sind. Überstehende Eiweißfäden an den Eiern abschneiden.

3 Einige Schinkenstreifen in das Aspik tauchen und auf die Soufflé-Förmchen verteilen. In jedes Förmchen ein gut abgetropftes pochiertes Ei legen, den restlichen Schinken darum anrichten und jeweils einen kleinen Zweig (oder ein großes Blatt) Estragon darauflegen. Aspik über die Eier geben und zum Gelieren in den Kühlschrank stellen.

4 Zum Servieren die Eier stürzen oder in den Förmchen lassen. Zum Stürzen ein Geschirrtuch in sehr heißem Wasser spülen und einige Sekunden um das Förmchen legen, Tuch entfernen und das Förmchen mit einem Teller abdecken. Förmchen mit Teller stürzen und Förmchen abheben.

œufs pochés meurette

POCHIERTE EIER IN ROTWEIN

In diesem traditionellen Rezept aus dem Burgund nehmen die in Rotwein pochierten Eier eine dramatische rote Färbung an. Die Pochierflüssigkeit wird ohne zusätzliches Verdickungsmittel zu einer üppigen, glänzenden Glasur eingekocht.

Für 4 Personen

**1 Flasche roter Burgunder oder anderer schwerer Rotwein
8 frische Eier aus Freilandhaltung
8 kleine runde Scheiben Brot vom Vortag
100 g Butter, gekühlt
2 EL gewürfelter magerer Schinkenspeck
2 EL fein gehackte Schalotte oder Zwiebel**

1 Wein in einer großen, ausreichend tiefen Pfanne zum Kochen bringen. Hitze reduzieren, bis der Wein leicht köchelt. Eier einzeln in eine Tasse schlagen und in den Wein gleiten lassen – am sichersten ist es, nicht mehr als zwei Eier gleichzeitig zu garen. Wein sanft weiterköcheln lassen und nach 3 bis 4 Minuten Garzeit, sobald das Eiweiß gestockt ist, die Eier einzeln mit einem Schaumlöffel herausnehmen, gut abtropfen lassen und auf je eine Brotscheibe legen. Eier in Form schneiden und beiseite stellen.

2 In einer zweiten Pfanne die Hälfte der Butter zerlassen und den Schinkenspeck und die gehackte Schalotte oder Zwiebel einige Minuten anbraten – nur weich werden, nicht bräunen lassen.

3 Pochierwein durch ein Sieb über die Schinkenspeckmischung gießen, zum Kochen bringen und 15 bis 20 Minuten kräftig kochen lassen, bis die Flüssigkeit zur Hälfte eingekocht ist.

4 Gekühlte Butter in kleine Stücke schneiden. Pfanne vom Herd nehmen und die gekühlten Butterstückchen nach und nach mit dem Schneebesen unterrühren, um die Sauce zu montieren und ihr Glanz zu verleihen.

5 Sauce über die Eier gießen. Keine Sorge, falls die Eier etwas grau aussehen – die Sauce löst dieses Problem. Sofort servieren.

œufs brouillés aux truffes

RÜHREIER MIT TRÜFFELN

Die porösen Eierschalen nehmen das Aroma einer Trüffel wie ein Schwamm auf. Der schlaue Trüffeljäger legt die Pilze daher über Nacht zwischen ein paar frische Eier, bevor er sie am nächsten Tag auf den Markt bringt – so hat er doppelten Nutzen. Noch besser, wenn auch unleugbar weniger profitabel, schmecken die Rühreier zusammen mit der Trüffel.

Für 4 Personen als *hors d'œuvre*

8 ganz frische Eier aus Freilandhaltung
1 mittelgroße schwarze Trüffel, etwa 50 g oder größer
Salz und frisch gemahlener Pfeffer
50 g Butter

ZUM ABRUNDEN
25 g Butter, gekühlt und in kleine Würfel geschnitten
frisches Baguette oder Croûtons, in Butter kross gebraten

1 Trüffel über Nacht in einem luftdicht verschlossenen Behälter zwischen die Eier legen. Am nächsten Tag Erdreste von der Trüffel bürsten (nicht abspülen, wenn es nicht unbedingt notwendig ist) und den Pilz in feine Stifte schneiden.

2 Eier in eine Schüssel schlagen und kurz mit der Gabel durchschlagen, bis Eigelb und Eiweiß sich mischen – nicht verrühren. Mit Salz und Pfeffer würzen.

3 Butter langsam in einer schweren Pfanne zerlassen, nicht braun werden lassen. Wenn sie schäumt, die Trüffel zufügen und 1 Minute (nicht länger!) in der Pfanne wenden.

4 Eier einrühren und die Mischung sehr sanft garen, dabei den Bodensatz mit einem Holzlöffel in Bewegung halten, bis die Eier cremig gerinnen. Kalte Butter darübergeben, um den Garprozess zu stoppen, und sofort mit Stücken von frischem Baguette oder Croûtons servieren.

œufs en cocotte à la crème

GEBACKENE EIER MIT SAHNE

Für absolute Authentizität brauchen Sie kleine Kokotten mit feinem Henkel (feuerfestes Porzellan, innen weiß, außen braun – der Schick der 1960er-Jahre), es geht allerdings auch mit Soufflé-Förmchen für eine Person.

Für 4 Personen als Vorspeise

8 sehr frische Eier aus Freilandhaltung
150 ml Crème double
Salz und frisch gemahlener weißer Pfeffer

1 Ofen auf 200 °C vorheizen. Eier in acht Soufflé-Förmchen oder Kokotten schlagen (ein Ei pro Form) oder in vier einzelne Soufflé-Formen (zwei pro Form). Einen Löffel Crème double in jede Form geben und leicht mit Salz und frisch gemahlenem weißem Pfeffer würzen. Die Formen nicht ausbuttern, sonst brät das Ei und wird hart – statt weich und cremig zu bleiben.

2 Förmchen in ein Wasserbad stellen; dazu einen Bräter bis zur Hälfte der Förmchenhöhe mit kochendem Wasser füllen. 6 bis 8 Minuten im Ofen backen, bis die Eier gestockt, aber noch weich und cremig sind. Sofort servieren, da die Eier noch nachgaren, wenn sie aus dem Ofen kommen.

EIER AUF FRISCHE PRÜFEN So prüfen Sie ein Ei ohne Datumstempel auf Frische: In eine Schüssel mit Wasser legen. Wenn das Ei waagerecht bleibt und nicht an die Oberfläche steigt, ist es ganz frisch. Wenn es sich aufrichtet und nach oben strebt, ist es nicht mehr ganz frisch, aber noch essbar. Wenn es schwimmt, sollte man es nicht mehr essen. Der Auftrieb hat etwas mit der Luft im Ei zu tun: Die Flüssigkeit im Innern verdunstet nach und nach durch die poröse Schale und wird durch Luft ersetzt. Ein faules Ei ist unverwechselbar – der Schwefelgeruch ist überwältigend.

tian de blea

GEBACKENES OMELETT MIT MANGOLD

Die provençalische tian – *eine teiglose Quiche – verdankt ihren Namen dem flachen, runden Steinguttopf, in dem sie gegart wird. Anders als beim Omelett jedoch gehört stets gegartes Gemüse dazu, typischerweise Mangold, in der mediterranen Küche hoch geschätzt und besonders beliebt in der Gegend um Nizza, wo er alle anderen grünen Gemüsesorten ersetzt. Während die Blätter wie Spinat zubereitet werden, gart man die fleischigen weißen Stiele getrennt und genießt sie wie Spargel mit einem Dressing aus Öl und Essig oder mit Aïoli zum Dippen. Im alten Nizza ist die tian als »la trouchia« bekannt und wird, in dicke Stücke geschnitten, beim traiteur als Vormittagssnack verkauft.*

Für 4 Personen als Hauptgericht

750 g Mangoldblätter (ohne Stiele) oder Spinat, geputzt
2 EL Olivenöl
1 Knoblauchzehe, mit etwas Salz zerstoßen
8 Eier
50 g kräftiger Käse, beispielsweise Cantal
oder Parmesan, gerieben
½ TL frisch geriebene Muskatnuss
Salz und frisch gemahlener Pfeffer

1 Ofen auf 150 °C vorheizen. Mangoldblätter gründlich abspülen und trocken schütteln. Mit 1 EL Olivenöl und dem zerstoßenen Knoblauch in einen großen Topf geben. Deckel fest aufsetzen und 4 bis 5 Minuten auf dem Herd rütteln, bis die Blätter zusammenfallen.

2 Mangold zum Abtropfen in ein Sieb geben. Sobald die Blätter etwas abgekühlt sind, gründlich ausdrücken, dabei möglichst viel Flüssigkeit herausdrücken, und fein hacken.

3 Eine Auflaufform von 25 cm Durchmesser mit dem restlichen Öl bepinseln. Eier in eine Schüssel schlagen und leicht verquirlen. Gehackten Mangold und geriebenen Käse unterrühren, mit Muskat, Salz und Pfeffer würzen und in die Auflaufform gießen.

4 In den Ofen stellen und 35 bis 40 Minuten backen, bis die *tian* gerade fest ist – sie gart beim Abkühlen noch nach. Durch die geringe Temperatur kann das Ei langsam stocken, ohne Blasen zu werfen. Warm oder kalt servieren.

VARIANTEN Eine köstliche *tian* lässt sich auch mit einem Ragout aus Artischockenherzen herstellen. Pro Ei ein Artischockenherz rechnen und diese sanft in etwas Weißwein, Olivenöl und Knoblauch garen.

Ebenso delikat ist eine *tian* mit *ratatouille* (siehe S. 46) oder gewürfelten Auberginen, mit reichlich Zwiebelringen in Olivenöl gegart. Die einzige Regel besagt, dass ebenso viel Gemüse wie Eier verwendet werden soll.

omelette aux fines herbes

KRÄUTEROMELETT

Sie brauchen eine kleine, handliche Pfanne, die nur für Omeletts reserviert sein sollte. Am besten geeignet sind Aluminiumpfannen mit Antihaftbeschichtung. Die Größe der Pfanne gibt die Größe des Omeletts vor, da die Eier die Form der Pfanne annehmen. Eine Pfanne von 18 bis 20 cm Durchmesser eignet sich für ein Omelett aus zwei Eiern für eine Person. Für vier Eier und zwei Personen verwendet man eine 22 bis 24 cm große Pfanne und so weiter. Im Languedoc, wo meine Kinder zur Schule gingen, machten ihre Klassenkameraden am Faschingsdienstag (an dem alle Eier in der Speisekammer vor Beginn der Fastenzeit aufgebraucht sein mussten) ein Omelett, das für alle Kinder aus dem Dorf reichte – in einer riesigen Pfanne über einem offenen Feuer im Wald. Ein Omelett wird »baveuse« – schaumig – serviert, niemals durchgegart. Zum Aromatisieren verwendet man traditionell glatte Petersilie, Schnittlauch, Kerbel und Estragon. Stellen Sie jedes Omelett einzeln her, und servieren Sie es direkt aus der Pfanne, weich in der Mitte, außen etwas fester. Omeletts kann man auch füllen: Geben Sie ein paar gebratene Pilze oder in Sahne geköchelte Tomaten in die Mitte des Omeletts, bevor Sie es überschlagen. Oder bestreuen Sie es mit gehacktem Schinken oder geriebenem Käse.

Für 1 Person

2 Eier aus Freilandhaltung
1 EL frisch gehackte Kräuter mit weichen Blättern
Salz und frisch gemahlener Pfeffer
1 walnussgroßes Stück Butter

1 Bevor Sie beginnen, einen Teller vorwärmen. Das Omelett muss direkt aus der Pfanne serviert werden.

2 Eier mit den Kräutern, etwas Salz und einer kräftigen Prise Pfeffer mit der Gabel durchschlagen. Sie sollten schaumig und locker, aber nicht gründlich verrührt sein.

3 Die Hälfte der Butter in einer kleinen Omelettpfanne bei mittlerer Hitze zerlassen. Butter durch Kippen der Pfanne gut verteilen und die Eier hineingeben. Pfannenstiel mit einer und Gabel mit der anderen Hand halten und die Eier während des Garens bewegen, dabei das Gestockte in weichen, cremigen Stücken vom Boden der Pfanne ziehen, ähnlich wie bei Rührei. Wenn die Eier gestockt, aber noch schaumig sind, nicht mehr bewegen, damit sich am Boden eine Haut bilden kann.

4 Restliche Butter auf das Ei geben. Ein Drittel des Omeletts über das mittlere Drittel schlagen. So auf den vorgewärmten Teller stürzen, dass das übergeschlagene Drittel auf das offene Drittel fällt und das Omelett ein dralles, längliches Kissen bildet. Das Omelett sollte außen leicht gebräunt, innen jedoch noch saftig sein. Die Garzeit beträgt höchstens 1 Minute!

quiche lorraine

EI-SCHINKEN-KUCHEN

Das ist die Original-Quiche – ein oben offenes Törtchen mit einer Füllung aus würziger Eiercreme –, die ihren Namen vom deutschen Wort »Kuchen« ableitet. Ursprünglich war der Teig ein Brotteig; in der modernen Version ist es entweder Mürbeteig, wie hier, oder Blätterteig. Ich finde, es geht am besten mit Mürbeteig – nicht zuletzt, weil er einfach und schnell zuzubereiten ist und man kaum in Versuchung gerät, ein Fertigprodukt zu verwenden. Hausgemachter Mürbeteig ist nicht zu ersetzen und die Mühe allemal wert.

Für 4 Personen

200 g Mehl
½ TL Salz
125 g Butter, gekühlt
1 Eigelb

FÜLLUNG
250 g magerer Schinkenspeck, in kleine Würfel geschnitten
1 EL Butter
4 Eier, mit der Gabel verrührt
300 ml Crème double
¼ TL frisch geriebene Muskatnuss
Salz und frisch gemahlener Pfeffer

1 Zunächst den Teig herstellen. Dazu das Mehl mit dem Salz in eine Schüssel sieben und die gekühlte Butter klein geschnitten zufügen. Leicht zwischen den Fingerspitzen reiben, bis die Mischung aussieht wie feines Paniermehl.

2 Eigelb mit 2 EL sehr kaltem Wasser verrühren und mit den Fingerspitzen in die trockenen Zutaten einarbeiten. Teig zu einer festen Kugel zusammendrücken; falls erforderlich, noch 1 EL Wasser zufügen. Nicht zu lange kneten. (Der Teig lässt sich auch in einer Küchenmaschine herstellen.) Teig in Klarsichtfolie wickeln und 30 Minuten an einem kühlen Ort ruhen lassen.

3 Ofen auf 200 °C vorheizen. Eine gefettete Springform von 25 cm Durchmesser bereithalten. Teigkugel auf der bemehlten Arbeitsfläche etwa 5 mm dick ausrollen. Mithilfe der Teigrolle

in die Form legen und in den Rand drücken – den Teig dabei nicht dehnen. Überstehenden Teig abschneiden, dabei einen etwa 2,5 cm hohen Rand stehen lassen. Eventuell entstandene Löcher mit den abgeschnittenen Teigresten stopfen; dazu mit einem angefeuchteten Finger andrücken.

4 Teigboden mehrmals mit der Gabel einstechen und mit Alufolie abdecken (glänzende Seite nach unten). Einige getrocknete Bohnen oder Reiskörner auf die Folie legen, damit sie liegen bleibt. 10 Minuten backen, bis der Teig fest ist. Folie entfernen und weitere 5 Minuten backen, bis die Oberfläche trocken ist. Abkühlen lassen.

5 Inzwischen den Schinkenspeck sanft in der Butter braten, bis das Fett die Farbe ändert und zu zischen beginnt (nicht braun werden lassen). Etwas abkühlen lassen. Eier mit der Crème double verrühren (nicht schaumig schlagen), mit Muskatnuss, Salz und Pfeffer würzen und mit dem Schinkenspeck mischen.

6 Eimischung in die abgekühlte Teigschale gießen; dabei darauf achten, dass die Schale nicht überfüllt wird bzw. die Füllung über den Rand der Schale steigt. Ofenhitze auf 150 °C reduzieren und die Quiche 25 bis 30 Minuten backen, bis die Eiercreme leicht gestockt und der Teig köstlich goldbraun ist. Warm oder zimmertemperiert servieren, jedoch niemals gekühlt.

>> *Sehen Sie einer französischen Hausfrau zu, wie*
sie langsam zwischen den Ständen entlanggeht
… auf der Suche nach dem Besten an Reife und
Aroma. Sie sehen eine Künstlerin bei der Arbeit,
die geduldig alle Materialien zusammensucht,
genau wie ein Maler, der Farben auf seine
Palette drückt, bevor er ein Meisterwerk erschafft. «

Keith Floyd

Fisch und Schalentiere

moules marinières

MIESMUSCHELN NACH FISCHERART

In ihrer einfachsten Form werden die frisch gesammelten Miesmuscheln in einer Pfanne mit Deckel zubereitet (die Hitze muss so stark sein, dass sich die Schalen sofort öffnen und ihre Flüssigkeit abgeben, in der sie dann garen). Zweischalige Muscheln wie die Miesmuschel können sich am Leben halten, solange sie Wasser in ihrer Schale haben. Um ihren Zustand zu beurteilen, tauchen Sie sie in kaltes Wasser. Rühren Sie kräftig um, und achten Sie genau darauf, ob die Muscheln sich schließen. Werfen Sie alle jene weg, die geöffnet sind. Miesmuscheln sind Naturprodukte, die wenig oder gar nicht bewirtschaftet werden müssen. In freier Natur setzen sie sich an Felsen an der Gezeitenlinie fest und ernähren sich von allem, was vorbeitreibt. Gezüchtete Miesmuscheln werden nur in dem Sinn gezüchtet, als dass dem wilden Muschellaich eine Unterlage zum Festsetzen angeboten wird, in der Regel ein Pfahl oder Seil. Vor dem Garen die Miesmuscheln gründlich abspülen, kräftig abschrubben und mit einem stumpfen Messer das bartähnliche kleine schwarze Anhängsel abschaben, das aus der Schale herausragt. Nach dem Entfernen des Bartes verlieren die Muscheln Wasser und müssen innerhalb von einer Stunde verarbeitet werden.

Für 4 Personen

2 kg Miesmuscheln, abgeschrubbt und die Bärte entfernt
50 g Butter
1 EL gewürfelter *jambon cru* **(roher geräucherter Schinken)**
oder magerer Schinkenspeck
2 Schalotten, fein gehackt
1 Glas Weißwein

<small>ZUM ABRUNDEN</small>
gehackte Petersilie/gehackter Knoblauch
frisch gemahlener Pfeffer

1 Muscheln abspülen und alle wegwerfen, die sich bei kräftigem Klopfen auf die Schale nicht schließen.

2 Die Hälfte der Butter in einer großen Pfanne zerlassen. Schinken oder Schinkenspeck und Schalotten zufügen und einen Moment weich werden lassen (nicht bräunen).

3 Muscheln und Wein zufügen, Deckel fest aufsetzen und auf der Herdplatte rütteln. Die Schalen öffnen sich im Dampf – einmal umrühren, damit die Muscheln gleichmäßig garen. Sobald alle Muscheln offen sind, sind sie fertig; Pfanne sofort vom Herd nehmen (übergarte Schalentiere werden rasch zäh).

4 Mit etwas gehackter Petersilie, Knoblauch und Pfeffer abrunden und mit der Kochflüssigkeit in Schüsseln schöpfen. In der Regel muss nicht gesalzen werden. Mit den Fingern essen – dabei eine Schale als »Zange« einsetzen.

VARIANTEN *Moules à la crème:* Muschelbrühe durch ein Sieb abgießen, sprudelnd um ein Drittel einkochen lassen und dieselbe Menge Crème double einrühren, vorzugsweise die dicke, leicht gesäuerte aus der Normandie. Erneut aufkochen lassen, dann wieder über die Muscheln gießen. Noch üppiger wird das Gericht mit einer Kelle Béchamelsauce (siehe S. 236).

Moules à la poulette: Brühe abseihen und aufkochen lassen. Einige Esslöffel Sahne mit 2 Eigelben verrühren und unterrühren. Sanft in einer Schüssel über siedendem Wasser erhitzen, dabei mit dem Schneebesen rühren, bis die Sauce etwas eindickt. Mit Salz und frisch gemahlenem Pfeffer würzen, dann die Sauce wieder über die Muscheln gießen (nach Belieben aus den Schalen entfernt oder in einer Schalenhälfte belassen).

Moules frites: Muschelfleisch aus den Schalen lösen und 30 Minuten in Zitronensaft marinieren, dann in Ausbackteig tauchen und frittieren. Mit Zitronenvierteln servieren.

Alles über Seeigel

Wo man Miesmuscheln findet, gibt es auch Seeigel. Mit den kleinen Stachelkugeln von der Größe eines Golfballs machen die meisten in der Form Bekanntschaft, dass sich beim Erforschen felsiger Mittelmeerküsten ein Bündel nadelspitzer Stacheln in ihren Fuß bohrt. Wenn man die schmerzhaften Waffen dieses Wesens entfernt hat, wird man es wahrscheinlich nie wieder sehen wollen. Das wäre schade, denn ist man erst einmal an die essbaren Teile gelangt, entpuppt sich das stachelige Ding als eine der großen Delikatessen der Mittelmeertafel. Der Seeigel-Corail (eigentlich die Eierstöcke) besteht aus fünf kleinen Stückchen weichem, duftendem, nach Kaviar schmeckendem Fleisch, nicht viel größer als ein Fingernagel. Sie sind sternförmig angeordnet und nur zu sehen, wenn der Seeigel präzise halbiert wurde, was am besten denen überlassen wird, die wissen, was sie tun, da das Tier noch am Leben und sehr stachelig ist. Die wild gefangenen Seeigel werden auf den Mittelmeermärkten von September bis April angeboten. Der Verkäufer wird die Tiere für Sie öffnen. Wenn nicht, verwenden Sie einen Schutzhandschuh und eine Gartenschere, oder besorgen Sie sich einen *coupe-oursin*, eine in jedem französischen Eisenwarengeschäft erhältliche Spezialschere. Nach dem Öffnen halten sich die zarten Stücke nicht lange. Sie können sie direkt mit einem Spritzer Zitrone essen oder bis zu Hause warten und sie in letzter Minute unter weiche Rühreier heben. Oder Sie machen ein *oursinado:* In eine Sauce aus kräftig eingekochtem Weißwein rühren, die mit Butter und Eigelb angedickt wurde; mit Brot oder pochierten Eiern essen oder als Sauce für einfachen pochierten Fisch servieren.

huîtres au four

ÜBERBACKENE AUSTERN

Die Austernfarmen der Bretagne existieren seit den Zeiten der Römer, als die Weichtiere in Tang gewickelt und Fässer gepackt (wie alle Muscheln bleiben sie am Leben, solange sie in ihren Schalen Wasser halten können) auf dem Landweg in die Ewige Stadt verfrachtet wurden. Dort waren sie wegen ihres Rufes als Aphrodisiakum bei ausschweifenden Orgien sehr gefragt. In Frankreich sind und bleiben sie das Festessen an Neujahr und werden dann lastwagenweise verkauft. Ordentlich in Kästen verpackt, markiert und ausgepreist nach Rasse und Größe, kann man Austern auf den Vorhöfen von Supermärkten im ganzen Land kaufen. Als kontrastreiche Vorspeise können Sie ein Dutzend frische und ein Dutzend gegrillte Austern servieren.

Für 2 Personen

12 Austern
4 EL Semmelbrösel
2 EL Weißwein oder Milch
4 EL fein gehackte Schalotten
1 EL fein gehackte Petersilie
Salz und frisch gemahlener Pfeffer
100 g Käse, gerieben

1 Bauchigere Hälfte der Austernschale fest durch ein Tuch fassen und die Austern durch Aufstemmen der Schale öffnen. Am einfachsten geht das mit einem Austernöffner. Falls Ihnen das spezielle Werkzeug fehlt, tut es auch ein kurzes, kräftiges Messer.

2 Ofen oder Grill auf höchster Stufe vorheizen. Austern jeweils in der tieferen Schalenhälfte belassen und in einer Schicht in einer flachen Auflaufform anordnen.

3 Semmelbrösel kurz in Wein oder Milch quellen lassen, dann die gehackte Schalotte und Petersilie unterrühren. Mit Salz und frisch gemahlenem Pfeffer würzen und sparsam als Garnierung auf die Austern verteilen; jede Auster soll eine krosse kleine Kappe erhalten, aber nicht bedeckt werden. Mit etwas geriebenem Käse bestreuen.

4 Austern auf oberster Schiene in den heißen Ofen oder unter den Grill schieben und 3 bis 4 Minuten garen – gerade lang genug, um den Käse zu schmelzen und die Semmelbrösel zu bräunen. Sofort servieren.

tellines provençales

VENUSMUSCHELN IN TOMATEN-OLIVEN-SAUCE

I n der Provence werden am liebsten die kleinen, zartviolet-
ten Venusmuscheln namens tellines verwendet, es sind aber
auch andere Sorten geeignet. Ohne nochmaliges Aufwärmen
servieren, da Muscheln hart werden, wenn man sie übergart.

Für 2 Personen als Hauptgericht oder
für 4 Personen als Vorspeise

**2 kg lebende Muscheln (Venusmuscheln, Miesmuscheln, Herz-
muscheln, Scheidenmuscheln oder kleine Jacobsmuscheln)**
½ TL Safran (etwa 12 Fäden)
4–6 EL Olivenöl
1 große Zwiebel, fein gehackt
3–4 Knoblauchzehen, fein gehackt
**1,5 kg reife Tomaten, gehäutet, die Samen entfernt
und gewürfelt, oder aus der Dose**
1 Lorbeerblatt
1 Thymianzweig
1 EL entsteinte schwarze Oliven, gehackt
Salz und frisch gemahlener Pfeffer
etwas Zucker
150 ml Weißwein

ZUM GARNIEREN
gehackte Petersilie

1 Muscheln abspülen und einige Stunden – am besten über Nacht – in einem Eimer mit kaltem Wasser stehen lassen, damit sie den Sand abgeben.

2 Safran 1 bis 2 Minuten in einer trockenen Pfanne rösten, bis er duftet – nicht anbrennen lassen, sonst wird er bitter. In eine Tasse mit etwas kochendem Wasser geben und etwa 15 Minuten ziehen lassen. Das vorherige Rösten des Safrans soll das Aroma verbessern – ich bin davon nicht völlig überzeugt, aber probieren Sie es selbst aus.

3 Olivenöl in einer großen Pfanne erhitzen, Zwiebel und Knoblauch weich und goldbraun braten – nicht braun werden lassen. Tomaten zufügen und aufkochen lassen, dabei die Tomaten flach drücken, bis sie weich werden.

4 Lorbeerblatt, Thymian, Oliven, Safran mit dem Einweichwasser und ein weiteres Glas Wasser zufügen. Erneut aufkochen lassen, dann die Hitze reduzieren und etwa 20 Minuten kochen lassen, bis die Sauce dick und kräftig ist.

5 Mit Salz, Pfeffer und etwas Zucker würzen. Wein zufügen, erneut aufkochen lassen und die rohen Muscheln zugeben. Deckel locker aufsetzen und warten, bis sich die Schalen im Dampf öffnen, dabei die Pfanne gelegentlich rütteln. Pfanne vom Herd nehmen, sobald sich die Schalen geöffnet haben – je nach Pfannengröße und Dicke der Schalen nach 4 bis 6 Minuten. Mit reichlich gehackter Petersilie garnieren.

coquilles st jacques
sauce mornay

JAKOBSMUSCHELN MIT WEIN UND SAHNE

Die Jakobsmuschel, wegen ihrer Fähigkeit, sich mittels eines kräftigen Muskels fortzubewegen, auch Pilgermuschel genannt, ist eine frei schwimmende zweischalige Muschel. Sie wächst im Atlantik heran, ihr Fleisch ist fein und süßlich. Die dekorative Schale kann nach dem Leeren und Bürsten für ein kleines Gratin verwendet werden: mit Garnelen, Shrimps, gewürfelten Seezungen- oder Seeteufelfilets.

Für 4 Personen

8–12 lebende Jakobsmuscheln in der Schale
300 ml Weißwein
25 g Butter
25 g Mehl
150 ml Crème double
Salz und frisch gemahlener Pfeffer
¼ TL frisch geriebene Muskatnuss

ZUM GARNIEREN
2 EL gehackte Petersilie
2 EL Semmelbrösel
1–2 EL zerlassene Butter

1 Muscheln in den Schalen abspülen und bürsten. Zum Öffnen mit der runden Seite nach unten in einen flachen Topf legen. So viel kochendes Wasser zugießen, dass die Schalen fast bedeckt sind. Topf auf den Herd stellen und Wasser wieder zum Kochen bringen. Nach einigen Augenblicken öffnen sich die Schalen und lassen sich mit einem Messer aufhebeln, um das Fleisch freizulegen.

2 Bart (Augen) und den kleinen Eingeweidesack aus der Muschel entfernen. Den weißen Muskel waagerecht in 2 bis 3 Medaillons von etwa 5 mm Dicke schneiden und mit dem Corail beiseite legen. Die vier größten Schalen bürsten und aufheben.

3 Grill vorheizen. Wein in einem kleinen Topf zum Kochen bringen. Weißes Muschelfleisch hineingleiten lassen und 1½ bis 2 Minuten pochieren, bis das Fleisch gerade undurchsichtig wird. Herausnehmen und beiseite legen. Corails in den Topf geben, Pochierflüssigkeit wieder zum Kochen bringen, 1 Minute garen, herausnehmen und ebenfalls beiseite legen.

4 Butter in einem kleinen Topf zerlassen, bis sie schäumt, dann das Mehl einstreuen. 1 Minute anschwitzen, dann die Pochierflüssigkeit zugeben. Mit dem Schneebesen rühren, bis die Sauce eindickt. Die Crème double unterrühren. Mit Salz, Pfeffer und einer Prise Muskatnuss würzen und erneut aufkochen lassen.

5 Etwas Sauce in jede der vier beiseite gelegten Muschelschalen gießen, Muschelfleisch und Corails darauf anrichten und mit der restlichen Sauce übergießen. Mit der gehackten Petersilie und Semmelbröseln bestreuen und mit etwas zerlassener Butter beträufeln. Unter den Grill schieben, bis der Schaleninhalt braun wird und Blasen wirft. Sehr heiß servieren.

bouillabaisse

FISCHSUPPE MIT SAFRAN

Die berühmteste aller Fischsuppen gehört zu den Eintopf-suppen und eine Mahlzeit für sich sind. Ihre Erfindung wird den Fischweibern von Marseille zugeschrieben, und ihren Namen verdankt sie nicht (wie so oft bei solchen Gerichten) einem Kochgerät, sondern der Methode. Eine bouillon-abaissé ist eine Brühe, die auf starker, dann schwacher und dann wie-der starker Hitze gekocht wird und dadurch eine Emulsion mit dem Fett eingeht. Die bouillabaisse ist ein Gericht, das die Seele

ebenso anspricht wie den Magen und emotionale Bedürfnisse der Gäste ebenso befriedigt wie praktische.

Was die korrekte Zusammensetzung angeht, ist das Rezept trotz all dem, was die Chefköche der Region Ihnen vielleicht erzählen, nicht in Stein gemeißelt. Über einige Dinge jedoch herrscht allgemeine Übereinstimmung: Zum Anreichern sollte natives Olivenöl extra verwendet werden, und Safran ist das einzige unentbehrliche Gewürz. Manche Fische passen hinein, andere nicht. Muscheln gehören niemals dazu. Damit die Brühe kräftig wird, muss mindestens ein Drachenkopf enthalten sein – in Frankreich sind das rascasse, rouquier, labre, girelle *und* demoiselle. *Darüber hinaus kann man jeden in Frankreich als »Suppenfisch« bezeichneten Fisch verwenden, mit Ausnahme von Sardinen, Anchovis und allen Mitgliedern der Familie der Plattfische, da sie die Brühe bitter machen würden. J.-B. Reboule zufolge, der großen Autorität des 19. Jahrhunderts für die provençalische Küche, wird* bouillabaise *aus mindestens sieben Fischarten zubereitet. Bei den Mengen rechnet Reboule für zwei Personen mit 1 bis 1½ Kilo Fisch, gekocht in 1 Liter Wasser, plus 1 EL Olivenöl pro 500 Gramm Fisch.*

Für 6–8 Personen als Hauptgericht

FISCH
4 kg verschiedene Arten wie:
Drachenkopf aus der Familie der Lippfische *(rascasse)*
Wolfsbarsch *(loup de mer)*
Seeteufel *(baudroie)*
Roter Drachenkopf *(chapon)*
Petersfisch *(saint-pierre)*
Meeraal *(congre)*
Meerbarbe *(rouget)*
Roter Knurrhahn *(galinette)*
Merlan *(merlan)*
Petermännchen *(vive)*
Languste *(langouste)*
Küstenkrabben: Schwarze Steinkrabbe,
Felsenkrabbe, Blaukrabbe, Austernkrebs,
Erbsenkrabbe und Rote Krabbe
Garnelen, Langusten, Shrimps
Rochenflügel *(raie)*
Schnitzel oder Filets von Thunfisch, Steinbutt, Makrele, Bonito

GRUNDBRÜHE
Gräten, Köpfe, Reste obiger Fischarten,
kleine Fische auch ganz
3–4 Schalotten oder Lauchstangen, gehackt
3–4 Knoblauchzehen, zerdrückt
2 große Tomaten, geschält, die Samen entfernt und gehackt
je 3–4 Zweige Fenchelgrün, Petersilie und Thymian
etwas getrocknete Schale von 1 unbehandelten Orange
½ TL Safran (etwa 12 Fäden)
Salz und frisch gemahlener Pfeffer

**3–4 große, ovale, gelbfleischige Kartoffeln,
geschält und waagerecht geviertelt
etwa 8 EL Olivenöl**

ROUILLE
**2 rote Paprikaschoten, Samen und Scheidewände entfernt
4 Knoblauchzehen
½ TL Salz
1 dicke Scheibe trockenes Brot, etwa 50 g
2 rote Chilischoten, Samen entfernt, gehackt**

ZUM ABRUNDEN
**4 getrocknete Brötchen, halbiert
(in Marseille: *navette à soupe*)
1 Knoblauchzehe, halbiert**

1 Fische schuppen, putzen und entgräten, Köpfe und Gräten aufheben. Größere Fische in Stücke schneiden, die ungefähr so groß sind wie die kleineren Fische.

2 Fische auf zwei Teller verteilen. Auf Teller 1 sollten festfleischige Fische liegen wie Drachenkopf, Petermännchen, Knurrhahn, Aal, Seeteufel, Schwertfisch und alle Arten, die sich auf Fingerdruck fest anfühlen, sowie alle Schalentiere. Auf Teller 2 kommen die weichen Fische wie Wolfsbarsch, Petersfisch, Merlan und alles, was dem Aussehen nach noch zu dieser Gruppe gehört.

3 Fischreste, Schalotten oder Lauch, Knoblauch, Tomaten, Kräuterzweige, Orangenschale und Safran mit 4 Liter Wasser in den Kochtopf geben. Zum Kochen bringen, mit Salz und frisch

gemahlenem Pfeffer würzen, Hitze reduzieren und 20 bis 30 Minuten köcheln lassen, um Aromen und Substanz aus den Zutaten zu ziehen. Brühe durch ein Sieb abgießen und mit den Kartoffeln wieder in den Topf geben. Alles wieder zum Kochen bringen.

4 Inzwischen die *rouille* herstellen. Dazu den Ofen auf 230 °C vorheizen. Paprika etwa 15 Minuten in den Ofen legen, um die Haut anzukohlen. 20 Minuten in einem Plastikbeutel weich werden lassen, dann die Haut mit einem Messer abziehen.

5 Knoblauch mit dem Salz zerdrücken. Brot in etwas Wasser einweichen und ausdrücken. Paprikafleisch, Knoblauch, Brot und Chilischoten im Mörser zu einer glatten Paste stampfen oder in der Küchenmaschine glatt pürieren. Beiseite stellen.

6 Eine Suppenterrine und eine große Servierschüssel sowie ausreichend Suppenteller warm stellen. Allen Gästen sagen, dass in genau 10 Minuten serviert wird – wie das Soufflé darf auch die *bouillabaisse* nicht stehen gelassen werden.

7 Sobald die Brühe mit den Kartoffeln wieder kocht, Kartoffeln in 10 Minuten etwas weich werden lassen. Festfleischigen Fisch von Teller 1 zufügen, zuerst die Schalentiere. Mit dem Olivenöl beträufeln, Deckel wieder aufsetzen und alles rasch wieder aufkochen lassen. 5 Minuten sprudelnd kochen lassen.

8 Weichen Fisch von Teller 2 in den Topf geben. Alles zügig wieder zum Kochen bringen und ohne Deckel 5 Minuten kräftig weiterkochen lassen.

9 Topf vom Herd nehmen und mit einem Schaumlöffel den Fisch vorsichtig in die Servierschüssel legen. Eine Kelle der

heißen Fischbrühe in die *rouille* rühren. Brötchen mit der aufgeschnittenen Knoblauchzehe abreiben und etwas *rouille* darauf verteilen (oder nach Belieben separat reichen) und die Scheiben in die Terrine legen. Etwas Brühe darüberschöpfen und 1 bis 2 Minuten warten, bis das Brot aufquillt.

10 Restliche Brühe in die Terrine schöpfen. Terrine und Fisch gleichzeitig auf den Tisch bringen. Für jeden Gast einen vorgewärmten Suppenteller sowie Gabel und Löffel bereitstellen, dazu eine große Serviette, Fingerschälchen und einen gemeinsamen Teller für Gräten. Restliche *rouille* als Beilage separat mit frischem Brot herumreichen. Jeder Gast isst nach Belieben – Suppe mit Fisch, oder erst Suppe, dann Fisch, erlaubt ist, was schmeckt. Servieren Sie zur *bouillabaisse* den guten Rotwein aus dem Rhônetal, und ermuntern Sie die Gäste, die letzten Tropfen Brühe direkt aus dem Teller zu trinken, in den sie vorher ein Glas Wein gegossen haben – eine Geste der Anerkennung, die auf Französisch »faire chabrot« genannt wird.

TIPPS Falls gewünscht, können Sie zusammen mit der *rouille* auch *aïoli* reichen. Puristen würden das zwar ablehnen, aber es lohnt sich wegen des dramatischen Kontrasts zwischen dem feurigen Scharlachrot und dem weichen Gold.

Wenn Sie nur eine Handvoll magerer kleiner Fische haben, machen Sie eine *bouillabaisse borgne* – eine kräftige Fischbrühe, serviert mit allen Beilagen, die größeren Fischstücke jedoch ersetzt durch eine Handvoll Blattgemüse, und einem pochierten Ei pro Portion.

Zum korsischen Äquivalent, *la zuminu*, gehören Tintenfisch, Sepia und alle Muscheln, die gerade zur Hand sind, beispielsweise Miesmuscheln oder Jakobsmuscheln; Safran ist dagegen nicht enthalten.

raie au beurre noir

ROCHEN MIT SCHWARZER BUTTER

Die nussige Bitterkeit der scharfen Sauce kontrastiert herr-
lich mit dem weichen weißen Rochenfleisch, das sich wie
Bänder vom Skelett abheben lässt. Dieses Gericht ist eine wun-
derbare Kombination von Konsistenzen, Farben und Aromen.
Rochen ist der einzige Fisch, der erst zwei bis drei Tage nach
dem Fang verzehrt werden kann; dann hat sein Fleisch das
Ammoniakaroma verloren, was sich als natürliche Reaktion des
Tieres auf den Stress beim Fang gebildet hat.

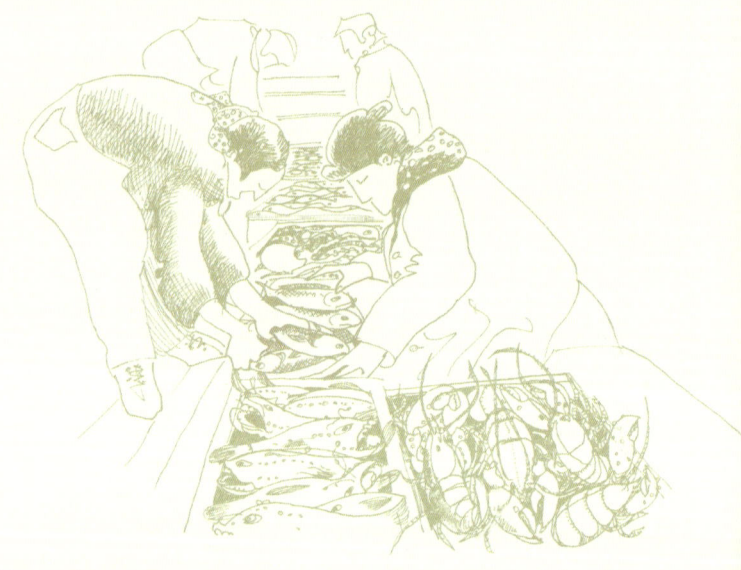

Für 4 Personen

1 kg Rochenflügel
Salz
1 EL Weißweinessig

SCHWARZE BUTTER
125 g Butter
4 EL gehackte Petersilie
1 EL Rotweinessig
Salz und frisch gemahlener Pfeffer

1 Rochenflügel in reichlich kräftig gesalzenem Wasser mit dem Weißweinessig zum Kochen bringen. 10 Minuten köcheln lassen, dann herausnehmen und abtropfen lassen.

2 Inzwischen die Butter in einer kleinen Pfanne zerlassen. Petersilie zufügen. Sobald Petersilie und Butter leicht bräunen, die Pfanne vom Herd nehmen. Bis zehn zählen, dann den Rotweinessig unterrühren. Ohne diese Pause würde die heiße Butter beim Kontakt mit dem Essig sofort aus der Pfanne spritzen. Mit etwas Salz und frisch gemahlenem Pfeffer würzen.

3 Rochenflügel mit der dunklen Seite nach oben auf einer vorgewärmten Servierplatte anrichten und die dunkle Haut abheben. Das Fleisch löst sich leicht von den weichen, durchsichtigen Gräten. Mit der schwarzen Butter servieren.

sole dieppoise

SEEZUNGE MIT SAHNE UND SHRIMPS

Der Kanalhafen Dieppe hat eine Flotte, die Fisch von den Küsten der Picardie und der Normandie hereinbringt. Die Leute kommen bis aus Paris und ringen mit den Einheimischen um die frischen Shrimps, Garnelen und Plattfische. Die Seezunge kann durch Scholle oder Rotzunge ersetzt werden, sofern diese ganz frisch sind.

Für 4 Personen

4 Seezungen (oder 2 große), filetiert und gehäutet
2 EL Mehl, mit Salz und Pfeffer gewürzt
50 g Butter
etwa 150 ml Weißwein
150 ml Crème double
1 EL Pernod (nach Belieben)
Salz und frisch gemahlener weißer Pfeffer
100 g rohe Shrimps oder Garnelen, mit oder ohne Schalen

1 Fischfilets im gewürzten Mehl wenden, bis sie leicht bestäubt sind.

2 Die Hälfte der Butter in einer großen Pfanne zerlassen. Wenn sie schäumt, ein bis zwei Fischfilets in die Pfanne legen (bzw. so viele, wie hineinpassen, ohne zu überlappen) und von jeder Seite 2 bis 3 Minuten braten, bis das Fleisch fest ist. Auf einen oder mehrere vorgewärmte Teller legen und warm stellen, während der restliche Fisch gebraten wird.

3 Wein zur Butter in die Pfanne geben und aufkochen lassen, dabei die gebräunten Fischreste vom Boden lösen. Sprudelnd kochen lassen, bis der Dampf nicht mehr nach Alkohol riecht, dann die Crème double und die übrige Butter in kleinen Stücken mit dem Schneebesen unterheben. Pernod einrühren (falls verwendet). Mit Salz und Pfeffer abschmecken.

4 Shrimps oder Garnelen hineingeben und sanft wieder erwärmen, Sauce aber nicht kochen lassen. Die Schalentiere sind nach wenigen Minuten gar. Mit der Sauce über den Fisch gießen und sofort servieren.

SERVIERTIPP Als Hauptgericht die Seezunge auf französische Art servieren, mit Gemüsebeilagen auf dem Tisch, von denen sich die Gäste selbst bedienen können. Einfacher weißer Reis und geschmorter Fenchel (siehe S. 105) passen ideal.

INFO Seezunge wird erst gehäutet und dann filetiert, Rotzunge sollte zuerst filetiert werden. Die Filets lassen sich dann mit einem scharfen Messer leicht von der Haut lösen.

Geflügel

poulet au beurre

BUTTER-BRATHUHN

Wählen Sie für diese Zubereitung Ihres Sonntagshähnchens ein Biohuhn aus Freilandhaltung. Französische Köche stellen Geschmack und Konsistenz über Größe und Fleischigkeit des Geflügels; sie führen leidenschaftliche Diskussionen über die Herkunft und Vorzüge der einzelnen Rassen und wägen beispielsweise den Wert der blaufüßigen Hühner von Bresse gegen den der saftigen Vögel aus den Landes ab. In diesem Rezept hält eine Schutzschicht aus Kräuterbutter zwischen Haut und Brust das Fleisch wunderbar saftig, während der Vogel regelmäßig gedreht wird, um die Haut kross zu machen.

Für 4–6 Personen

1 Huhn mit Innereien, etwa 2 kg schwer
Meersalz und frisch gemahlener schwarzer Pfeffer
1 unbehandelte Zitrone
2–3 frische Thymianzweige
75 g Butter
3 EL fein gehackter frischer Estragon

1 Ofen auf 220 °C vorheizen. Huhn von innen und außen abwischen und die Körperhöhle großzügig mit Salz und Pfeffer würzen. Zitrone auf einer ebenen Unterlage hin und her rollen, um den Saft zu lösen, und mit einer Gabel mehrmals einstechen. Innereien, Zitrone und Thymian in die Körperhöhle stecken.

2 50 Gramm Butter mit dem Estragon und je ½ TL Salz und Pfeffer verrühren. Am Halsende des Huhns beginnen und die Butter mit den Fingern auf der einen Brustseite zwischen Fleisch und Haut verteilen – vorsichtig, denn die Haut reißt leicht ein. Auf der anderen Brustseite wiederholen.

3 Haut von außen andrücken, um die Butter gleichmäßig zu verteilen, bis die Haut wieder an ihrem ursprünglichen Platz ist. Restliche Butter auf dem Huhn verteilen, mit Salz und Pfeffer würzen.

4 Vogel auf einem Rost über der Fettpfanne auf die Seite legen. 20 Minuten braten. Vorsichtig umdrehen, ohne die Haut zu verletzen, dann 20 Minuten von der anderen Seite braten. Huhn auf den Rücken drehen (Brust nach oben) und weitere 20 Minuten braten, bis es überall eine dunkle Bronzefärbung angenommen hat.

5 Hitze auf 190 °C reduzieren und das Huhn auf die Brust drehen – dabei sollte der Bürzel möglichst in die Luft stehen. Weitere 15 Minuten braten, bis beim Einstechen mit einem Spieß in den Schenkel klarer Saft austritt.

6 Huhn in eine vorgewärmte Servierschüssel legen, den Bürzel immer noch in die Luft, und locker mit Alufolie abdecken. Im ausgeschalteten Ofen bei offener Tür mindestens 10 Minuten ruhen lassen – 30 Minuten wären ideal. Der Vogel gart nach, während das Fleisch fest wird und den Saft wieder aufsaugt.

7 Huhn in der Küche tranchieren und in voller Pracht servieren. Die Franzosen tranchieren nie bei Tisch. Reichen Sie dazu eine Schüssel mit Blattsalat ohne Dressing, beispielsweise Frisée, Feldsalat und Brunnenkresse; der buttrige Bratensaft reicht als Dressing vollkommen aus.

poulet au riz

HUHN MIT REIS

Ein Gericht, das lange und sanft gegart werden muss. Am besten wird die Brühe, wenn Sie eine ältere Henne verwenden und Kopf, Hals und Füße (abgebrüht und geschrubbt) mitgaren.

Für 4–6 Personen

1 Huhn aus Freilandhaltung, etwa 2 kg, oder
ein ausgewachsenes Suppenhuhn
2–3 Karotten, grob zerkleinert
3–4 Selleriestangen, gehackt
1 Zwiebel, mit 2 Gewürznelken gespickt
1 kleines Bund aus Petersilie, Majoran, Thymian
und einem Lorbeerblatt
fein abgeriebene Schale und Saft von 1 ½ unbehandelten Zitronen
½ TL weiße Pfefferkörner
Salz
1 l Kalbs- oder Hühnerbrühe
250 g Rundkornreis, beispielsweise Camargue-,
Risotto- oder Paella-Reis
125 g Butter
1 EL Mehl
¼ TL geriebene Muskatnuss
150 g Crème double
1 gehäufter EL fein gehackte Petersilie
frisch gemahlener Pfeffer

1 Huhn von innen und außen abwischen und in einen großen Topf legen. Karotten, Sellerie, Zwiebel, Kräuter, die Hälfte der Zitronenschale und des Zitronensaftes, Pfefferkörner und Salz am Rand verteilen. Brühe und so viel Wasser zufügen, dass die Zutaten vollständig bedeckt sind.

2 Zum Kochen bringen, Deckel aufsetzen und die Hitze so reduzieren, dass die Brühe siedet. 1 ½ bis 2 Stunden sanft köcheln lassen, bis der Vogel ganz zart ist. Bei Verwendung eines Suppenhuhns 2 ½ bis 3 Stunden garen.

3 Reis in einem Sieb oder einem feinen Durchschlag unter fließendem kaltem Wasser abspülen, bis das Wasser klar bleibt, dann in einen Topf geben. Mit kaltem Wasser großzügig bedecken, zum Kochen bringen und 5 Minuten kochen. Reis wieder in das Sieb oder den Durchschlag kippen und die klebrige Stärke mit warmem Wasser abspülen.

4 Reis zurück in den Topf geben und 600 ml der heißen Hühnerbrühe aus dem Topf zufügen. Zum Kochen bringen, 25 Gramm Butter zufügen, Hitze reduzieren und 15 bis 18 Minuten sanft köcheln lassen, bis die Körner ganz weich sind. Reis mit einer Gabel auflockern und noch ein Stückchen Butter hineingeben – die Körner sollten getrennt, aber nicht trocken sein.

5 Inzwischen die Sauce zubereiten. Dazu 25 Gramm Butter in einem kleinen Topf zerlassen. Sobald sie schäumt, das Mehl hineinstreuen, 3 bis 4 Minuten sanft anschwitzen; nicht bräunen lassen. Mit dem Schneebesen 600 ml der heißen Hühnerbrühe einrühren und aufkochen lassen. Hitze reduzieren und 10 Minuten sanft köcheln lassen.

6 Sauce mit 1 EL des übrigen Zitronensaftes, etwas fein geriebener Zitronenschale und Muskatnuss würzen. Erneut aufkochen lassen und die Sauce auf dem Herd mit dem Schneebesen rühren, bis sie um ein Drittel eingekocht ist. Crème double und die restliche Butter in kleinen Stücken unterrühren und unter stetigem Rühren mit dem Schneebesen wieder erhitzen, bis die Sauce kocht. Mit Salz und Pfeffer abschmecken.

7 Zum Servieren den Reis auf einen ovalen Servierteller häufen und das gehäutete, tranchierte Huhn darauflegen. Mit einer Kelle Sauce abrunden und mit fein gehackter Petersilie bestreuen. Restliche Sauce separat reichen.

VARIANTE *Poulet en demi-deuil* (wörtlich »Huhn in Halbtrauer«): **Dünne Scheiben einer frischen Schwarztrüffel zwischen Haut und Fleisch des Huhns schieben (für Perfektionisten sollte das Huhn ganz mit Trüffelscheiben bedeckt sein) und wie im Hauptrezept zubereiten.**

coq au vin

HÄHNCHEN IN ROTWEIN

Für dieses alte Rezept aus der Auvergne wird traditionell ein sehniges Hähnchen vom Bauernhof im kräftigen Rotwein der Region geköchelt – einem Chambertin oder Mâcon. Ein Hahn ist ein magerer, muskulöser Vogel, der lange und sanft gegart werden muss, um zart zu werden. Ein Brathuhn braucht dagegen nur eine Stunde.

Für 4 Personen

**1 Huhn aus Freilandhaltung, etwa 2 kg, tranchiert,
mit Kragen und Innereien
Salz und frisch gemahlener Pfeffer
1 EL Butter
100 g durchwachsener Speck, gewürfelt
500 g Schalotten oder Babyzwiebeln, geschält, aber ganz
250 g Morcheln oder Champignons
2 EL klarer Weinbrand oder Grappa
1 Knoblauchzehe, mit etwas Salz zerdrückt
1 Flasche kräftiger Rotwein
1 kleines Bund aus Thymian, Petersilie und einem Lorbeerblatt**

BEURRE MANIE
**1 EL Butter
1 EL Mehl**

1 Fett von den Hähnchenteilen abschneiden, diese aber nicht häuten. Mit Salz und Pfeffer würzen und beiseite stellen.

2 Die Hälfte der Butter in einem großen Topf zerlassen und Speck und Schalotten oder Zwiebeln leicht anbräunen. Herausnehmen und beiseite stellen. Morcheln oder Champignons hineingeben, mit etwas Salz bestreuen und einige Minuten braten, dann aus dem Topf nehmen und zu den Zwiebeln geben.

3 Restliche Butter im Topf zerlassen und die Hähnchenteile hineingeben. Leicht anbräunen, dann mit dem Weinbrand beträufeln und anzünden, damit der Alkohol verbrennt und die Haut leicht karamellisiert wird.

4 Knoblauch und Rotwein zufügen und aufkochen lassen. Beiseite gestellte Zwiebeln, Speck und Pilze in den Topf geben, mit Salz und Pfeffer würzen und die Kräuter hineingeben. Erneut zum Kochen bringen, Hitze reduzieren und zugedeckt 1 bis 1 ½ Stunden köcheln lassen, bis das Hähnchen ganz weich ist.

5 Butter mit dem Mehl zu einer glatten Paste verkneten, der *beurre manie*. Kräuter aus dem Topf nehmen und die Hähnchenteile mit den Pilzen und Zwiebeln in eine vorgewärmte Servierschüssel legen. Topf auf den Herd stellen, den Saft wieder aufkochen lassen und die *beurre manie* mit dem Schneebesen einrühren. Sauce einige Minuten sprudelnd kochen lassen, bis sie glatt und glänzend ist und nicht mehr nach Mehl schmeckt.

6 Sauce über das Huhn gießen. Mit Kartoffeln servieren oder auf ländliche Art mit dicken Scheiben Brot zum Aufnehmen der Sauce. Dazu denselben kräftigen Rotwein reichen, in dem das Hähnchen gekocht wurde.

suprême de volaille aux morilles

HÜHNERBRUST MIT MORCHELN

D as zarte weiße Brustfleisch eines Huhns wird suprême
genannt, gemeint sind die beiden Brustfilets. Ein französischer Koch würde den ganzen Vogel kaufen und den
Fleischer die suprêmes *auslösen lassen* – gehäutet oder nicht,
mit oder ohne ein Stück Flügelknochen. Das übrige Fleisch
würde er von den Knochen lösen, unter eine Béchamelsauce
heben und als Füllung für eine Königinpastete verwenden.
Die Knochenreste wären dann die Grundlage für eine gute,
kräftige Brühe.

Für 4 Personen

4 Hühnerbrüste
2 EL Mehl, mit Salz und Pfeffer gewürzt
100 g frische oder 50 g getrocknete Morcheln, eingeweicht
50 g Butter
150 ml Weißwein
etwa 150 ml Crème double
1 Prise Zucker (nach Belieben)
Salz und frisch gemahlener Pfeffer

1 Hühnerbrüste abwischen und im gewürzten Mehl wenden. Frische Morcheln sorgfältig säubern: Die Hüte nicht abspülen, sondern den Sand mit einer Bürste vorsichtig aus den Falten entfernen; Stiele abschneiden, da sie oft holzig sind. Eingeweichte getrocknete Morcheln abtropfen lassen und die Einweichflüssigkeit aufheben.

2 Butter in einer großen Pfanne zerlassen. Sobald sie schäumt, die Hühnerbrüste in die Pfanne legen. Etwa 5 Minuten sanft braten, dabei einmal wenden, bis das Fleisch fest wird.

3 Morcheln (falls eingeweicht, mit dem aufgehobenen Einweichwasser) und Wein zufügen und aufkochen lassen. Hitze reduzieren, Deckel locker aufsetzen und 10 bis 15 Minuten sanft köcheln lassen, bis der Alkohol verdampft und das Fleisch fest ist.

4 Deckel abnehmen und alles aufkochen lassen, bis der Saft bis auf einige Löffel eingekocht ist. Crème double unterrühren und abschmecken (eventuell etwas Zucker zufügen). Erneut aufkochen lassen, um die Crème mit der Weinsauce zu verbinden. Alles in eine vorgewärmte Servierschüssel füllen. Wirklich ganz einfach, oder?

TIPPS Dazu passt gut ein Püree aus Knollensellerie und Kartoffeln, gewürzt mit etwas Muskatnuss.
Die Morcheln können durch andere Wildpilze ersetzt werden: Pfifferlinge *(chanterelles)*, Semmelstoppelpilze *(pieds de mouton)*, Totentrompeten *(trompettes de la mort)*; auch gezüchtete Austernpilze und Champignons sind geeignet.

chaud-froid de poulet

SALAT AUS POCHIERTEM HUHN

Die Güte dieses exquisiten Gerichts hängt ganz von der Frische der Zutaten ab. Ein Huhn aus Freilandhaltung wird pochiert, kühlt im eigenen Saft ab und wird dann mit hausgemachter Zitronenmayonnaise angemacht, angereichert mit der reduzierten Kochbrühe. Ausgefallene Garnierungen sind absolut unnötig – lassen Sie das Aroma des Gerichts seine eigene Geschichte erzählen.

Für 4–6 Personen

1 kleines Huhn aus Freilandhaltung
1 kleine Zwiebel, geviertelt
Grün von 2–3 Selleriestangen
1 Lauchstange, grob zerkleinert
1 TL Piment
½ TL weiße Pfefferkörner
1 TL Salz

MAYONNAISE
2 Eigelbe
fein abgeriebene Schale und Saft von 1 unbehandelten Zitrone
1 TL milder französischer Senf (gut passt Estragonsenf)
etwa 450 ml helles Olivenöl oder Mischung aus
Olivenöl und Sonnenblumenöl (je 225 ml)
Salz und frisch gemahlener weißer Pfeffer

ZUM SERVIEREN
krosse heiße Brötchen
Salatherzen, geviertelt
Tomatensalat
1 Prise Zucker

1 Überschüssiges Fett aus dem Inneren des Huhns entfernen. Den Vogel mit der Brust nach oben in einen großen Topf legen, in den er gerade hineinpasst, und mit so viel kaltem Wasser übergießen, dass er vollständig bedeckt ist. Zum Kochen bringen und den grauen Schaum von der Oberfläche schöpfen.

2 Zwiebel, Selleriegrün, Lauch, Piment, Pfefferkörner und Salz zufügen. Wieder zum Kochen bringen, Hitze reduzieren, bis das Wasser sanft siedet, und Deckel aufsetzen. Huhn etwa 1 Stunde sanft pochieren, ohne die Flüssigkeit kochen zu lassen; falls erforderlich, heißes Wasser nachgießen. Die Franzosen sagen dazu, die Flüssigkeit sollte lächeln. Sie können den Topf nach dem Aufkochen auch in den Ofen stellen und bei 170 °C köcheln lassen. Das Huhn ist gar, wenn sich der Schenkel leicht im Gelenk bewegen lässt.

3 Huhn 30 Minuten in der Kochbrühe abkühlen lassen. Herausnehmen, häuten und das Fleisch von den Knochen ziehen. Fleisch in eine Schüssel legen, einige Kellen Brühe darüberschöpfen und in den Kühlschrank stellen, bis das Huhn den Saft wieder aufgesogen hat und die Brühe leicht geliert – am besten über Nacht, 4 bis 5 Stunden reichen aber auch aus. Restliche Brühe aufheben und im Kühlschrank aufbewahren.

4 Hühnerstücke aus dem Gelee nehmen und in mundgerechte Streifen schneiden – das Fleisch ist nun köstlich saftig und wunderbar zart. Weißes Fett vom überschüssigen Gelee und der aufgehobenen ebenfalls gelierten Brühe heben (darin lassen sich hervorragend Bratkartoffeln zubereiten) und beides in einen Topf geben. Brühe auf etwa 150 ml einkochen.

5 Während die Brühe abkühlt, die Mayonnaise zubereiten. Alle Zutaten müssen Raumtemperatur haben. Eigelbe mit 1 TL Zitronensaft und dem Senf in eine Schüssel geben. Zügig mit einem Schneebesen verrühren, dann das Öl in dünnem Strahl unterrühren. Beständig Öl zugießen, während die Mayonnaise dicker wird, gleichzeitig mehr Zitronensaft einarbeiten – nicht zu viel, die Mayonnaise soll nur angesäuert werden.

6 Sobald die Mayonnaise eindickt, ist es einfacher, mit einem Holzlöffel fortzufahren. Je nach Wetter und Größe der Eigelbe kann mehr oder weniger Öl erforderlich sein – die Mischung sollte ungefähr die Konsistenz von weicher Butter haben. Etwas abgekühlte Hühnerbrühe unterrühren, bis die Mayonnaise dünnflüssig ist. Abgeriebene Zitronenschale einrühren und mit Salz und Pfeffer abschmecken.

7 Zerkleinertes Hühnerfleisch mit der Mayonnaise mischen und mit heißen, krossen Brötchen, geviertelten Salatherzen und einem kleinen Salat aus gehackten geschälten Tomaten mit 1 Prise Zucker servieren.

pintade farcie aux pommes

PERLHUHN MIT APFELFÜLLUNG

Dieses Festessen stammt aus der Normandie, dem Land von Calvados und Sahne. Die Äpfel in der Füllung verleihen dem Wildaroma des Perlhuhns eine fruchtige Note, durch das sanfte Schmoren bleiben sie saftig. Das aus Afrika stammende Perlhuhn wurde erst vor relativ kurzer Zeit domestiziert und hat die muskulöse Magerkeit seiner wilden Vorfahren bewahrt. Vier Rebhühner, zwei Fasane oder zwei kleine Hühner aus Freilandhaltung können stattdessen verwendet werden.

Für 6 Personen

**2 Perlhühner
1 Zwiebel, fein gehackt
50 g Butter
150 g Schweinehackfleisch
150 g Rinderhackfleisch
6 gelbfleischige Äpfel wie Reinettes oder Golden Delicious
1 kleines Glas Calvados oder Weinbrand
Salz
1 Ei, mit der Gabel verrührt
frisch gemahlener Pfeffer
1 TL getrockneter Thymian**

FÜR DIE SAUCE
**6 EL Crème fraîche oder Crème double,
angesäuert mit etwas Zitronensaft**

1 Ofen auf 200 °C vorheizen. Perlhühner von innen und außen abwischen und durch rasches Drehen über einer Gasflamme einzelne Härchen oder Federn absengen.

2 Für die Füllung die Zwiebel in der Hälfte der Butter anschwitzen. Schweine- und Rindfleisch zufügen und sanft braten, bis das Fleisch leicht Farbe nimmt.

3 2 Äpfel schälen und würfeln und in die Pfanne geben. Mit dem Calvados oder Weinbrand beträufeln. Deckel locker aufsetzen und 15 bis 20 Minuten sanft schmoren, bis die Apfel-stücke weich sind, aber noch nicht ganz ihre Form verloren

haben. Mit Salz und Pfeffer würzen, vom Herd nehmen und die Mischung etwas abkühlen lassen, dann das Ei unterrühren.

4 Füllung auf die Perlhühner verteilen und in die Körperhöhlen löffeln. Unterschenkel mit Bindfaden zusammenbinden, damit sie ihre Form behalten. Gefüllte Hühner mit der Brust nach unten in einen Bräter setzen. Restliche Butter in Stückchen darauf verteilen, mit Thymian, Salz und Pfeffer würzen.

5 Vögel in den ersten 10 Minuten auf der voreingestellten Hitze braten. Brust nach oben drehen, noch etwas Butter darauf verteilen und mit Alufolie abdecken (glänzende Seite nach unten). Hitze auf 150 °C reduzieren und etwa 1 Stunde braten, bis sich die Keulen leicht vom Körper wegziehen lassen.

6 Aus dem Ofen nehmen und 10 Minuten ruhen lassen. Vögel vierteln und warm stellen. Die Füllung auf eine vorgewärmte Servierplatte häufen. Bratensaft in einen kleinen Topf kippen, den fettigen Butterfilm abschöpfen und beiseite stellen.

7 Bratensaft 3 bis 4 Minuten sprudelnd zu einer kräftigen, klebrigen Sauce einkochen lassen. Crème fraîche oder Crème double einrühren, mit Salz und Pfeffer würzen und sanft erhitzen, aber nicht mehr kochen lassen.

8 Inzwischen die restlichen Äpfel schälen, vierteln und das Kerngehäuse entfernen. In der aufgehobenen Butter anbraten, bis sie leicht bräunen, aber ihre Form nicht verlieren.

9 Apfelviertel auf der Füllung anrichten und die gevierteilten Vögel darauflegen. Mit etwas Sauce beträufeln und die übrige Sauce separat reichen.

caneton à la bigarade

Jungente mit Orange

E in Gericht für den Winter, wenn die Jungenten schon
recht groß und die Bitterorangen (bigarades – *auch*
als Marmeladen- oder Sevilla-Orangen bekannt) Saison haben.
Wählen Sie unbehandelte Früchte, oder bürsten Sie sie gründ-
lich ab, um das Wachs zu entfernen. Eine Entenkarkasse
ist schwer, und das Verhältnis von Fleisch zu Knochen ist
nicht so günstig wie bei anderen Vögeln, rechnen Sie daher
600 Gramm pro Person.

Für 4 Personen

**1 kräftige Jungente, etwa 2 kg küchenfertiges Gewicht
Salz
25 g Butter
frisch gemahlener Pfeffer
3 unbehandelte Bitterorangen oder
2 unbehandelte süße Orangen
1 gehäufter EL extrafeiner Zucker
Saft von 1 Zitrone
2 EL Hühner- oder Kalbsbrühe
50 g Butter, gekühlt und klein gehackt**

1 Ofen auf 160 °C vorheizen. Ente von innen und außen mit Salz und Pfeffer einreiben und sauber dressieren. Butter in einem Bräter zerlassen und den Vogel von allen Seiten anbräunen.

2 Deckel fest aufsetzen und 25 bis 30 Minuten im Ofen garen. Alternative: Auf schwacher Hitze garen, dabei den Vogel regelmäßig wenden, damit er nicht anbrennt. Vom Herd nehmen, wenn der mit einem Löffel entnommene Saft aus der Körperhöhle deutlich rosa ist – eine Ente sollte stets leicht untergart sein und das Brustfleisch rosig statt grau, sonst wird der Vogel zäh.

3 Inzwischen die Schale von den Orangen dünn abschälen und in feine Streifen schneiden oder mit einem Zestenreißer in Streifen herunterschälen. Weiße Haut vom Fruchtfleisch zupfen und wegwerfen. Filets herausschneiden, dabei den Saft in einer Schüssel auffangen.

4 Wenn die Ente fertig gebraten ist, in eine heiße Servier-schüssel legen und die Orangenfilets darum anordnen. Überschüssiges Fett aus dem Bräter abschöpfen, Bratensatz aufheben und beiseite stellen.

5 Zucker in einen kleinen schweren Topf geben und sanft erhitzen, bis er schmilzt und leicht karamellisiert – er sollte hell-goldbraun sein. Zitronensaft unterrühren und den Topf vom Herd nehmen. Brühe und beiseite gestellte Orangen-schale und -saft einrühren, wieder auf den Herd stellen und aufkochen lassen.

6 Topfinhalt zum Bratensatz in den Bräter geben und erneut
aufkochen lassen, dabei den Boden abkratzen und auspinseln,
um alle festgesetzten Stücke mit einzuarbeiten. Sauce durch ein
Sieb abgießen. Abschmecken, erneut aufkochen lassen und die
Butter mit dem Schneebesen unterrühren, um die Sauce
anzudicken und ihr Glanz zu verleihen.

7 Ente vor dem Servieren tranchieren und die Stücke mit Sauce
bedecken.

VARIANTEN *Caneton au navets* (Ente mit Rüben): Jungente
wie oben zubereiten, die Orangen weglassen und mit jungen
Rübchen servieren, in Butter mit etwas Zucker karamellisiert
und im Bratensaft gegart.

Caneton au petits pois (Ente mit Erbsen): Ente wie oben
zubereiten, Orangen weglassen. Frisch gepalte Erbsen im
Bratensaft garen; mit gekühlten Butterstückchen montieren, um
die Sauce anzudicken und ihr Glanz zu verleihen.

Caneton aux olives (Ente mit Oliven): Ente wie oben garen,
Orangen weglassen. Bratensaft mit grünen Oliven (zuerst
abbrühen, um überschüssiges Salz zu entfernen) und einigen
Flocken gekühlter Butter abrunden.

magrets de canard poêlés

GEBRATENE ENTENBRUST

D ie Franzosen haben die Wahl unter zwei Arten von
Hausenten. Die nantais – *nach der Stadt Nantes benannt
– ist die kleinere und wiegt rund 1,5 Kilogramm, während die*
rouennais – *nach der Stadt Rouen – weit über 2 Kilo auf die
Waage bringt. Letztere lässt man beim Schlachten nicht ausblu-
ten; bei dieser Methode entsteht wesentlich dunkleres Fleisch,
das blutig oder rosa gegart zwar köstlich schmeckt, aber auch
schneller verdirbt. Kaufen Sie eine ganze Ente, heben Sie die
Brust mit einem sehr scharfen Messer vom Knochen ab, und
bereiten Sie aus Karkasse und Keulen eine Pastete zu.*

Für 2 Personen

**2 Entenbrüste, entbeint
Salz und frisch gemahlener Pfeffer**

1 Haut der Ente leicht einritzen, ohne bis zum Fleisch durchzuschneiden. Fleisch von beiden Seiten würzen.

2 Eine schwere Gusseisenpfanne erhitzen, bis sie raucht. Entenbrüste mit der Hautseite nach unten auf das heiße Metall legen und 3 bis 4 Minuten braten, bis das Fett weich wird und zu fließen beginnt und die Haut sich goldbraun verfärbt.

3 Entenbrüste vorsichtig wenden und von der anderen Seite 2 bis 3 Minuten anbraten. Pfanne vom Herd nehmen und 5 Minuten beiseite stellen, damit das Fleisch fest werden und sich setzen kann. Die Garprobe erfolgt mit dem Zeigefinger: Sehr blutiges Fleisch fühlt sich weich und schwammartig an; wenn sich das Fleisch hart anfühlt, ist es übergart (an diesem Punkt unwahrscheinlich). Wenn die Entenbrüste zu weich sind, bei 160 °C 10 Minuten in den Ofen stellen. Entenbrust sollte recht rosa sein, fast blutig. Zum Servieren diagonal in Scheiben schneiden.

SERVIERTIPPS Mit *pommes de terre salardaises* (siehe S. 96/97) servieren. Alternative: Kartoffeln kochen, noch heiß in Scheiben schneiden und in Gänseschmalz braten, bis sie goldbraun sind und kleine krosse Stellen aufweisen. Absolut perfekt wird das Gericht mit einigen Scheiben schwarzer Périgord-Trüffeln.

Falls gewünscht, können Sie eine Sauce für die Ente zubereiten. Dazu den Topfinhalt mit einem Schuss Armagnac ablöschen. Etwas Sahne einrühren oder ein Glas Rotwein mit dem Bratensaft aufkochen und mit einem Stückchen kalter Butter abrunden.

garbure béarnaise

LANGSAM GEGARTES GEMÜSE MIT GÄNSE-*CONFIT*

D ie garbure, *das traditionelle ländliche Mittagessen Südfrankreichs, wird in den Küchen von Béarn am* aufwendigsten zubereitet. In ihrer einfachen Form ist sie ein vegetarischer Eintopf, ähnlich der italienischen minestrone. *In Béarn gehört jedoch stets ein Stück* confit *dazu, Stopfgans oder Stopfente, im eigenen Bratensaft konserviert. Die Grundzutaten sind je nach Saison und regionalen Vorlieben variabel: In der Provence wird gewöhnlich* Ratatouille-Gemüse *genommen, im Languedoc ersetzen im Frühling Grüngemüse und Kartoffeln die Bohnen und den Kohl. Sie können das* confit *durch Schweinekoteletts ersetzen oder das Fleisch auch ganz weglassen.*

Für 4 Personen als Hauptgericht

8 dicke Scheiben Landbrot
500 g Zwiebeln
8 EL Olivenöl
1–2 Lorbeerblätter
4 EL gehackte Kräuter (Petersilie, Kerbel und Majoran)
2–3 Knoblauchzehen, gehackt
Salz und frisch gemahlener Pfeffer
4–5 große Tomaten, gehäutet und gehackt
4 EL gekochte grüne Bohnen
2 Schenkelstücke von Gänse- oder Enten-*confit* (siehe S. 181)
1 großes Stück Moschuskürbis, geschält
und in Scheiben geschnitten
½ Weißkohl, zerpflückt
geriebener Käse zum Abrunden (nach Belieben)

ZUM SERVIEREN
grüner Salat
Gewürzgurken und Kapern

1 Ofen auf 170 °C vorheizen. Brot in Scheiben schneiden und während des Vorheizens etwa 10 Minuten im Ofen trocken und kross werden lassen.

2 Inzwischen die Zwiebeln sanft in 3 EL Olivenöl weich und goldbraun braten – nicht zu braun werden lassen.

3 Nun die *garbure* zusammenstellen: Die Hälfte der Zwiebeln in einer Schicht in einer großen Auflaufform mit Deckel verteilen. Die Hälfte des getrockneten Brotes darauflegen. Mit Lorbeerblättern, gehackten Kräutern, Knoblauch, Salz und Pfeffer würzen. Tomaten, Bohnen, *confit*, Kürbis und eine Handvoll zerpflückten Kohl schichtweise darauflegen, zwischen den einzelnen Schichten würzen.

4 Mit den Schichten in derselben Reihenfolge fortfahren, mit dem restlichen Brot enden. Ein Glas Wasser in die Form gießen und das restliche Öl darüberträufeln.

5 Deckel fest aufsetzen und die *garbure* 1 ½ bis 2 Stunden backen, bis alles köstlich zart ist. Ofenhitze nach der ersten Stunde etwas reduzieren und überprüfen, ob noch Wasser nachgefüllt werden muss. Für die letzten 15 Minuten den Deckel abnehmen, das Gericht dick mit geriebenem Käse bestreuen (falls verwendet) und die Ofenhitze erhöhen, damit die *garbure* oben kross wird.

6 Zum Servieren einen Löffel bis zur untersten Schicht hineinstoßen und die *garbure* in tiefe Suppenteller schöpfen. Als Beilagen einen grünen Salat und Essiggemüse (Gurken, Kapern) reichen. Außerdem brauchen Sie eine Karaffe Rotwein für die »goulade«: ein Glas Wein, das in die letzten Tropfen der Brühe gekippt und direkt aus dem Teller getrunken wird … sehr rustikal!

Kochkunst ist es, wenn die Dinge nach sich selbst schmecken … Beim Kochen ist wie bei allen Künsten Einfachheit das Zeichen für Perfektion.

Curnonsky

cassoulet de castelnaudary

ÜBERBACKENE BOHNEN MIT GÄNSE-*CONFIT*

D as cassoulet *von Castelnaudary ist für die Bewohner der windgepeitschten Stadt im Languedoc, wo meine Kinder zur Schule gingen, die einzige echte Version dieses Bohnenein-topfs. Wie könnte ich da widersprechen? In Toulouse oder Carcassonne würde man vielleicht Hammel- oder Lammfleisch hinzufügen, manche sogar ein Paar Rebhühner, aber Madame Escrieux (meine Nachbarin, von der ich das Rezept habe) wollte davon nichts wissen. Die Familie Escrieux, Kleinbauern mit dem Recht, einen eigenen Destillierapparat zu betreiben, machten ihr* confit *selbst ein, bauten eigene Bohnen an und hielten eigene Schweine. Das Gericht war für die Wintermonate reserviert und wurde nur am Sonntagmittag serviert, da zum Verdauen ein ganzer Tag und eine Nacht nötig sind.*

Für 6–8 Personen

ERSTER KOCHGANG
1 kg weiße Gartenbohnen
1 ganze Knolle Knoblauch
500 g Schweinebauch mit Schwarte
2 große Karotten, grob zerkleinert
1 Zwiebel, mit 6 Gewürznelken gespickt
1 kleines Bund aus Petersilie, Thymian, Rosmarin und Lorbeer
½ TL zerstoßener schwarzer Pfeffer

ZWEITER KOCHGANG
1–2 Stücke Gänse- oder Enten-*confit* (siehe S. 181)
500 g mageres Schweinefleisch, in mundgerechte
Stücke geschnitten
3 Knoblauchzehen, zerdrückt
1 Zwiebel, gehackt
500 g Tomaten, gehäutet und gehackt (oder aus der Dose)
500 g frische Schweinswurst wie *saucisson de Toulouse*
4 EL Gänseschmalz aus dem *confit*, zerlassen
Salz und frisch gemahlener Pfeffer

ZUM ABRUNDEN
2–3 EL Semmelbrösel

1 Bohnen über Nacht in kaltem Wasser einweichen. Abtropfen lassen und in einen großen Kochtopf geben – der richtige Behälter wäre ein *toupin*. Knoblauchknolle über einer Gasflamme drehen, um ihr einen leicht karamellisierten Grillgeschmack zu verleihen.

2 Schwarte vom Schweinebauch entfernen und zu einer ordentlichen Rolle binden; Schweinefleisch würfeln. Fleisch und Schwartenrolle mit allen anderen Zutaten für den ersten Kochgang zu den Bohnen in den Topf geben: Knoblauch, Karotten, Zwiebel, Kräuter und Pfeffer. Alle Zutaten mit reichlich Wasser bedecken, zum Kochen bringen und den grauen Schaum, der dabei aufsteigt, abschöpfen. 10 Minuten kochen lassen. Hitze reduzieren und die Bohnen 1 Stunde köcheln lassen, bis sie weich, aber noch ganz sind; falls erforderlich, kochendes Wasser nachgießen.

3 Inzwischen die Zutaten für den zweiten Kochgang zubereiten. Stücke aus dem Gänse- oder Enten-*confit* in einer großen Bratpfanne erwärmen, bis das Fett flüssig wird, dann herausnehmen und das Fleisch beiseite legen. Schweinefleisch mit dem Knoblauch im *Confit*-Fett braten, bis alle Stücke gebräunt sind. Herausnehmen und Fleisch und Knoblauch beiseite stellen. Zwiebel im Bratensaft weich und goldbraun braten.

4 Ofen auf 150 °C vorheizen. Wenn die Bohnen fertig sind, Knoblauch, Zwiebel und Kräuter herausnehmen. Die Rolle Schwarte herausnehmen, Bindfaden lösen und die Schwarte mit der Fettseite nach unten in eine große Kasserolle legen. Bohnen abtropfen lassen, Kochflüssigkeit auffangen. Die Hälfte der Bohnen in die Kasserolle schichten, darüber Fleisch, Zwiebel, Tomaten und Wurst. Mit den restlichen Bohnen abschließen. Jede Schicht salzen und pfeffern. Zutaten mit der aufgehobenen Kochflüssigkeit bedecken. Deckel aufsetzen.

5 In den Ofen stellen und 2 Stunden sanft garen. Wenn die Bohnen zu trocken werden, mit etwas kochendem Wasser übergießen (bei Verwendung von kaltem Wasser werden die Bohnen hart).

6 1 EL des zerlassenen Gänseschmalzes über die Bohnen träufeln. Ofenhitze auf 160 °C erhöhen und den Topf ohne Deckel wieder in den Ofen stellen. In 30 Minuten entsteht eine schöne Kruste. Diese mit einem Löffel aufbrechen und wieder unter die Bohnen rühren. Mit den Semmelbröseln bestreuen und mit 1 weiteren EL Gänseschmalz beträufeln.

7 Kasserolle weitere 30 Minuten in den Ofen stellen, dann die Kruste erneut aufbrechen und unterrühren. Mit dem restlichen Gänseschmalz beträufeln. Ein letztes Mal 30 Minuten im Ofen stehen lassen. Ihre Geduld wird nun belohnt: Unter der goldbraunen Kruste ist das Fleisch zart und duftig, und die Bohnen sind zu einer köstlichen, cremigen Masse zusammengeschmolzen.

HERSTELLUNG VON GÄNSE- ODER ENTEN-*CONFIT* Wenn Sie *confit* selbst herstellen möchten, wählen Sie einen großen Keramik- oder Steingutkrug oder -topf, und füllen Sie ihn mit so vielen Enten- oder Gänsestücken, wie bequem hineinpassen. Mit Salz, Pfefferkörnern, einem Lorbeerblatt und Wacholderbeeren würzen. Inhalt einer Dose *gras d'oie* (Gänsestopfleber, erhältlich in der Feinkostabteilung im Supermarkt) zerlassen und in das Gefäß gießen, bis die Fleischteile vollständig bedeckt sind. Ofen auf niedrigster Temperatur vorheizen und die Ente oder Gans über Nacht im Ofen lassen. Das ist alles.

Zum Gebrauch sanft zerlassen und die Fleischteile herausnehmen. Das *confit* schmeckt köstlich als Hauptzutat in einem warmen Salat; im Fett lassen sich außerordentlich krosse Bratkartoffeln zubereiten, die großartig zu Wildpilzen schmecken, vielleicht zu den ersten Pfifferlingen des Jahres.

Wild

marcassin en daube

LANGSAM GEGARTES WILDSCHWEIN

*Z*um Aromatisieren einer daube *verwenden die Köche der Provence gerne getrocknete Orangenschale und* serpolet *(Feldthymian), einen höchst aromatischen Verwandten des herkömmlichen Thymians. Die* daubière *ist der Steinguttopf mit Deckel, in dem traditionell Eintöpfe geköchelt werden.*

Für 6 Personen

1,5 kg Wildschweinfleisch, gewürfelt
2 EL Mehl, mit Salz und Pfeffer gewürzt
4–5 EL Olivenöl
8 Knoblauchzehen in der Schale
2 EL gewürfelter durchwachsener Speck
3 große Tomaten, gehäutet und gehackt
1–2 Zweige *serpolet* (Feldthymian) oder Thymian
1 Stück unbehandelte Orangenschale, vorzugsweise getrocknet
1 Glas Weißwein
600 ml Brühe
Salz und frisch gemahlener Pfeffer

ZUM ABRUNDEN
100 g Pilze
1 EL Olivenöl
4 gesalzene Anchovis
50 g schwarze Oliven, gehackt

1 Fleisch im gewürzten Mehl wenden und im Olivenöl leicht anbräunen. Wild ist trockener und fester als Zuchtfleisch und karamellisiert daher schneller. Herausnehmen und beiseite legen.

2 Die ganzen ungeschälten Knoblauchzehen und den Speck ins Öl geben und einige Minuten anbraten. Tomaten, *serpolet* oder Thymian und Orangenschale zufügen und aufkochen lassen, dabei die Tomaten flach drücken, bis sie zerfallen.

3 Wein und Brühe zugießen und erneut aufkochen lassen. Fleisch wieder in die Pfanne geben und würzen. Hitze reduzieren, Deckel locker aufsetzen und sanft 2 bis 3 Stunden köcheln lassen, bis das Fleisch so zart ist, dass man es mit einer Gabel zerteilen kann; falls erforderlich, etwas Wasser nachgießen.

4 Wenn das Fleisch fast gar ist, Pilze in einer kleinen Pfanne im Öl anbraten. Anchovis zufügen und mit den Pilzen zerdrücken, bis sie sich im heißen Saft auflösen. Oliven zufügen und 1 bis 2 Minuten heiß werden lassen. Diese aromatische Mischung 5 Minuten vor Ende der Garzeit unter den Eintopf rühren.

SERVIERTIPP Mit weißem Reis oder leicht gebutterten frischen Nudeln servieren. Es passt auch ein rustikales, mit Knoblauch abgeriebenes Landbrot.

Wildschweine *(marcassins)* sind heute noch in jenen bergigen Waldgebieten Frankreichs zu finden, die sich kaum kultivieren lassen oder die früher als Jagdwälder dem König vorbehalten waren. Nach der Einführung des *Code Napoléon* (die Grundlage der französischen Gesetzgebung, besonders des Erbrechts) mussten die Besitztümer gleichmäßig unter allen anerkannten Erben aufgeteilt werden; dies löste das Vorrecht des Erstgeborenen ab und machte Frankreich zu einer Nation von Kleinbauern. Heute betrachtet sich selbst der urbanste französische Bürger als Mann des Waldes, sobald er im Besitz eines noch so kleinen Flecken Gestrüpp ist, das er als sein persönliches Jagdrevier nutzen kann; anders als früher, als die Erzeugnisse des königlichen Jagdwaldes allein für die königliche Tafel reserviert waren.

Wildfleisch ist deutlich magerer, dunkler und sehniger als das domestizierte Äquivalent; am besten schmeckt es langsam gegart in einer *daube* oder als Grundlage einer Landpastete. In Wildrezepten ist gewöhnlich zusätzliches Fett vorgesehen, beispielsweise aus Schweinebauch oder Speck, um die natürliche Magerkeit auszugleichen und das Fleisch zarter zu machen. Wein, besonders als Marinade, unterstreicht den Wildgeschmack, allerdings muss der Alkohol beim Kochen immer verdunsten.

Die verwendeten Kräuter, in erster Linie Rosmarin, Thymian, Oregano, Wacholder und wilder Knoblauch, werden nach dem Speiseplan der Tiere in der Wildnis ausgesucht. Bei der Zubereitung von Wild gehört ein Hauch von Romantik – am besten die Beschreibung der Jagd durch den Jäger selbst – ebenso zum Rezept wie die Zutaten.

Selbst in stark kultivierten Gebieten hängt der Franzose so sehr an der Möglichkeit zur *chasse,* dass Flecken mit Wald und Unterholz nicht bewirtschaftet, sondern als Unterschlupf für Kleinwild belassen werden – für Hasen, Kaninchen, Rebhühner, Fasane – und als Sammelstellen für Pilze und Früchte.

Ein Wildschwein ist der wertvollste Inhalt der Jagdtasche – wegen der nicht ganz ungefährlichen Jagd wie auch wegen des ausgezeichneten Fleisches –, aber auch Reh und Hase sind geschätzt und in den Rezepten alternativ verwendbar. Kaninchen werden gewöhnlich eher in Fallen gefangen als geschossen und haben keine Schonzeit. Vom Federwild gibt es Wachteln nicht mehr in freier Wildbahn (ihr Verschwinden wird dem übertriebenen Aufstellen von Netzen auf den Mittelmeerinseln während des Vogelzugs angelastet), und die kleinen Vögel – Drossel, Ortolan, Grasmücke – werden nicht mehr bejagt, jedenfalls nicht kommerziell. Dennoch lässt sich die französische Landbevölkerung ungern vorschreiben, was sie nach Hause bringen darf und was nicht, und das Jagen wird als Lebensart betrachtet, ebenso ein Recht wie ein Vergnügen. In isolierten ländlichen Gemeinschaften war es eine Möglichkeit, dem alltäglichen häuslichen Leben auf mehr als eine Weise zu entfliehen. Eine Freundin im Languedoc erzählte mir, sie wüsste immer, wenn ihr Mann unter dem Vorwand, Kaninchenfallen aufzustellen, seine Geliebte auf der anderen Seite des Tals besuchte. Denn wenn er heimkam, rochen seine Kleider nach *sarriette,* einer Thymianart, die nur an den Südhängen der Berge wuchs, an dem Pfad, der zu ihrem Haus führte.

civet de lièvre

LANGSAM GEGARTER HASE IN ROTWEIN

E in civet *lässt sich aus Reh, Hase oder Federwild herstellen. Es braucht zusätzliches Fett, zum Beispiel* petit salé. *Wenn Sie* petit salé *selbst herstellen wollen, bestreuen Sie eine dicke Scheibe Schweinebauch mit grobem Salz, zerstoßenem Pfeffer und Lorbeerblatt, und lassen Sie sie über Nacht stehen.*

Für 8–10 Personen

2 Lorbeerblätter
1 Thymianzweig
1 Rosmarinzweig
1 TL getrockneter Oregano
2 Knoblauchzehen, grob gehackt
1 Flasche kräftiger Rotwein
1 ausgewachsener Hase, pariert und in kleine Stücke geschnitten
1 EL Mehl
½ TL geriebene Muskatnuss
Salz und frisch gemahlener Pfeffer
4 EL Olivenöl
500 g Schalotten oder Perlzwiebeln, gehäutet
2–3 Karotten, grob zerkleinert
1 dicke Scheibe *petit salé* (gesalzener Schweinebauch), gewürfelt

ZUM ABRUNDEN
2 Stück Bitterschokolade, gehackt

1 Lorbeerblätter, Thymian, Rosmarin, Oregano, Knoblauch und Wein in einer großen Schüssel mischen. Hasenfleisch zufügen und die Stücke in der Marinade wenden. Abdecken und stehen lassen, bis das Fleisch die Aromen aufgesogen hat – am besten über Nacht.

2 Mehl mit Muskatnuss, Salz und Pfeffer mischen. Fleischstücke abtropfen lassen, Marinade aufheben, Fleisch trocken tupfen und mit Mehl bestäuben. Öl in einer großen Kasserolle erhitzen und Zwiebeln, Karotten und *petit salé* zufügen. Braten, bis alles leicht karamellisiert, dann herausnehmen. Auf einem Teller beiseite stellen.

3 Hasenstücke leicht anbräunen. Aufgehobene Marinade und eine Tasse Wasser zufügen und aufkochen lassen. Schweinebauchmischung wieder in den Topf geben. Hitze reduzieren, Deckel fest aufsetzen und 1½ bis 2 Stunden leicht köcheln lassen, bis das Fleisch vom Knochen fällt und die Sauce dick, reichhaltig und dunkel ist. Alternative: Den Hasen im Ofen bei 140 °C sehr sanft garen. Gelegentlich überprüfen und etwas kochendes Wasser nachgießen, falls der Kasserolleninhalt eintrocknet.

4 Schokolade einrühren und 1 bis 2 Minuten sanft mitgaren, dabei so lange rühren, bis die Sauce die neue Zutat aufgenommen hat. Nicht aufkochen, da die Sauce sonst gerinnt. Das Gericht kann gleich serviert werden, am nächsten Tag schmeckt es jedoch noch besser.

lapin à la moutarde

KANINCHEN MIT SENF

Zwar hat das Wildkaninchen ein feineres Aroma, aber die Käfigkaninchen, die auf vielen französischen Bauernhöfen gezüchtet werden, sind wohlschmeckend und garantiert zart. Beim Vorbereiten nicht vergessen, das Häutchen zu entfernen, das den Rücken und die Hinterläufe bedeckt, sonst wird das Fleisch nicht zart, egal wie lange man es kocht. Sie müssen beherzt vorgehen und etwas Fleisch mit abschneiden.

Für 4 Personen

2 Wild- oder 1 Hauskaninchen, sauber in Stücke geschnitten
1 EL Mehl, mit Salz und Pfeffer gewürzt
4–5 EL Öl oder zerlassene Butter
2 Zwiebeln, fein gehackt
1–2 Thymianzweige
1 Glas Weißwein
600 ml Brühe oder Wasser
Salz und frisch gemahlener Pfeffer

ZUM ABRUNDEN
1 EL milder Dijon-Senf
1 EL körniger Senf (meaux)
4 EL Crème fraîche oder Crème double
Butternudeln oder weißer Reis zum Servieren

1 Kaninchenteile überprüfen, gegebenenfalls Flaum oder
scharfe Knochensplitter entfernen. Teile im Mehl wenden. Öl
oder Butter in einer großen Pfanne erhitzen und die Fleischteile
braten, bis sie leicht bräunen. Herausnehmen und beiseite stellen.

2 Zwiebeln in den heißen Bratensaft geben und langsam weich
und goldbraun braten, jedoch nicht weiter bräunen lassen.
Kaninchenteile wieder in die Pfanne geben und Thymian, Wein
und Wasser oder Brühe zufügen. Aufkochen lassen, dabei den
klebrigen Bodensatz lösen. Hitze reduzieren, würzen und Deckel
locker aufsetzen.

3 So lange sanft köcheln lassen, bis das Kaninchen zart genug
ist, um sich mit der Gabel zerteilen zu lassen. Ein junges
Tier ist in 30 bis 40 Minuten gar, ein älteres Kaninchen kann
über 1 Stunde brauchen.

4 Wenn das Kaninchen ganz zart ist, Senf und Crème fraîche
oder double unterrühren, erneut aufkochen lassen und mit
Butternudeln oder einfachem weißem Reis servieren.

pigeonneaux poêles aux bolets

GEGRILLTE TÄUBCHEN MIT PILZEN

Als man sich noch überwiegend selbst versorgte, wurden in vielen ländlichen Haushalten Tauben für den Kochtopf gehalten und gemästet. Während die Jungvögel zart genug für den Ofen waren, passte dieses Rezept besser für ältere Vögel, die ihren Nutzen als Zuchttiere erfüllt hatten, sowie für Wild-vögel unbekannten Alters, die sich an der Ernte gütlich taten. Die Anzahl der verwendeten Vögel hängt vom Appetit ab. Das Rezept lässt sich auch mit Filets vom Hasen oder wilder Enten-brust zubereiten. Ein gratin dauphinois (siehe S. 92) ist die ideale Beilage.

Für 4 Personen

8 Tauben
2 EL Olivenöl
1 TL getrockneter Thymian
Salz und frisch gemahlener Pfeffer
1 Zwiebel, grob zerkleinert
1–2 Karotten, grob zerkleinert
1 Selleriestange, gehackt
1 kleine Weißrübe, grob zerkleinert
1 kleines Bund aus Petersilie, Thymian und Lorbeerblatt
einige Pfefferkörner
50 g getrocknete Steinpilze
150 ml Madeira oder Dessertwein

ZUM SERVIEREN
150 g Butter, in große Würfel geschnitten und gekühlt
1 großes Bund Brunnenkresse

1 Mit einem scharfen Messer die Taubenbrustfilets vom Brustkorb lösen. Mit Öl bestreichen, mit Thymian bestreuen und mit Salz und frisch gemahlenem Pfeffer würzen. Brustfilets in Klarsichtfolie wickeln und beiseite stellen.

2 Karkassen mit etwas Öl und Zwiebel, Karotten, Sellerie und Rübe 15 Minuten im sehr heißen Ofen braten. Karkassen und Gemüse in einen großen Topf füllen. Knapp 1 Liter Wasser angießen und Kräuter, einige Pfefferkörner und etwas Salz zufügen. Zum Kochen bringen, Hitze reduzieren und Deckel locker aufsetzen. 1 bis 2 Stunden sanft köcheln lassen.

3 Inzwischen die Steinpilze in einer Tasse heißem Wasser einweichen und 30 Minuten quellen lassen. Abtropfen lassen, Pilze aufheben und Einweichflüssigkeit in den Topf gießen.

4 Brühe durch ein Sieb abgießen, wieder in den Topf geben und eingeweichte Steinpilze zufügen. Aufkochen lassen, Hitze reduzieren und etwa 30 Minuten köcheln lassen, bis die Flüssigkeit auf 150 ml eingekocht ist und die Pilze weich sind. Madeira oder Dessertwein zufügen und kurz kräftig aufkochen lassen, damit der Alkohol verdampft. Dann köcheln lassen, bis die Sauce kräftig und auf 4 EL eingekocht ist.

5 Kurz vor dem Servieren den Ofen auf 140 °C sowie den Ofengrill vorheizen oder eine schwere Gusseisenpfanne heiß werden lassen. Die Filets müssen Raumtemperatur haben. In der Pfanne oder unter dem Grill auf sehr starker Hitze von jeder Seite 1 Minute anbraten. Dann in den Ofen stellen und mindestens 10, höchstens 25 Minuten stehen lassen, bis das Fleisch fest wird und sich setzt und nicht mehr ganz roh ist. Taubenbrust sollte rosa und saftig sein – Übergaren macht das Fleisch grau und zäh.

6 Direkt vor dem Servieren der Tauben die Sauce wieder zum Kochen bringen und die kalten Butterstückchen einzeln mit dem Schneebesen einrühren, bis die Sauce eindickt und glänzt.

7 Taubenbrüste diagonal in hübsche rosa Scheiben schneiden. Auf vorgewärmte Teller legen, großzügig mit Sauce versehen und mit etwas Brunnenkresse servieren.

Kochen ist keine Chemie. Es ist eine Kunst. Es erfordert eher Instinkt und Geschmack als genaues Abmessen.

Marcel Boulestin

cailles aux raisins

GEBACKENE WACHTELN MIT TRAUBENFÜLLUNG

E rinnern Sie sich an den Film »Babettes Fest«, als sie die *kleinen Wachteln in die Königinpasteten steckte? Kleine Vögel sind immer festlich, und gezüchtete Wachteln sind köstlich zart – eine echte Delikatesse. Die meisten Menschen schaffen zwei Vögel, manche essen auch drei.*

Für 4 Personen

8–12 Wachteln
175 ml Weißwein
2 EL Olivenöl
1 TL Thymian, zerkrümelt
Salz und frisch gemahlener Pfeffer
100 g kleine weiße Trauben
100 g Butter

ZUM ABRUNDEN
100 g kleine weiße Trauben, gehäutet und die Kerne entfernt
1 großes Bund Brunnenkresse

1 Vögel einige Stunden (oder über Nacht im Kühlschrank) in Weißwein, Olivenöl, Thymian, Salz und Pfeffer marinieren.

2 Ofen auf 200 °C vorheizen. Wachteln aus der Marinade nehmen und trocken tupfen, Marinade für die Sauce aufheben. Jede Wachtel mit ein bis zwei ganzen Trauben und einem Stück Butter füllen. Restliche Butter mit Salz und Pfeffer zerdrücken und die Brüste damit einreiben. In einen Bräter setzen.

3 Wachteln 20 bis 30 Minuten braten, bis sich die Beinchen leicht im Gelenk bewegen lassen. Herausnehmen und locker mit Alufolie bedeckt beiseite stellen.

4 Bräter auf den Herd stellen und die Marinade hineingießen. Aufkochen lassen, dabei die klebrigen braunen Rückstände vom Boden lösen. Kochen lassen, bis der Alkohol verdunstet ist und die Sauce glänzt. Abschmecken und die Trauben einrühren.

5 Wachteln auf einem Bett aus Brunnenkresse servieren und die Sauce separat reichen.

Fleisch

pot-au-feu

Rindfleischeintopf

Die Zubereitung dieses klassischen Sonntagsessens lernte
ich von meinen Nachbarn, Kleinbauern im Languedoc.
Die drei verschiedenen Fleischstücke waren so wichtig, dass
das Gericht nicht zubereitet wurde, wenn eines davon fehlte.
Hochrippe oder Saumfleisch sorgen für den Geschmack, die
Hesse für die Stärke und die Hachse oder der Markknochen
beziehungsweise der Ochsenschwanz für die Reichhaltigkeit.

Für 6–8 Personen

**1 kg Hochrippe ohne Knochen oder Saumfleisch,
mit Bindfaden zusammengebunden**
500 g Rinderhesse, mit Bindfaden zusammengebunden
1 Hachse, Markknochen oder Ochsenschwanz, grob zerkleinert
3–4 große Karotten, grob zerkleinert (Abfälle aufheben)
2–3 große Lauchstangen, grob zerkleinert (Abfälle aufheben)
2 Zwiebeln, ungehäutet und geviertelt
½ TL Pfefferkörner
1–2 Lorbeerblätter
Salz
1 Selleriestaude, vorzugsweise grün, grob zerkleinert
2 kleine Weißrüben, grob zerkleinert (Abfälle aufheben)
500 g Kartoffeln
½ kleiner Weißkohl, in Spalten geschnitten

1 Fleisch und Knochen in einen großen Schmortopf oder eine
Steingutkasserolle geben. Mit 2 Liter kaltem Wasser bedecken.
Zum Kochen bringen und den Schaum abschöpfen.

2 Abfälle von Karotten und Lauch, Zwiebeln, Pfefferkörner,
Lorbeerblätter und 1 TL Salz zufügen. Wasser wieder zum
Kochen bringen, einmal sprudelnd aufkochen lassen, dann die
Hitze reduzieren. 3 Stunden köcheln lassen, dann sollte das
Fleisch zart sein.

3 Brühe durch ein Sieb abgießen, Gemüseabfälle und Zwiebel
wegwerfen. Fleisch entweder wieder in die Brühe geben und
über Nacht abkühlen lassen (dann vor dem Aufwärmen der
Brühe die feste Fettschicht abheben) oder das Fett mit einer
Suppenkelle aus der noch heißen Brühe schöpfen und das
Fleisch dann wieder hineingeben.

4 Fleisch und Brühe erneut erhitzen und Karotten, Lauch,
Sellerie und Rüben zufügen. Wieder zum Kochen bringen,
Hitze reduzieren und 10 Minuten köcheln lassen. Kartoffeln
zugeben, wieder aufkochen lassen, Hitze reduzieren und weitere
10 Minuten köcheln lassen. Kohlspalten zufügen und erneut zum
Kochen bringen. Noch 10 Minuten weiterköcheln lassen, bis alle
Gemüse weich sind.

5 Fleisch in mundgerechte Stücke schneiden und mit dem
Gemüse in einer großen vorgewärmten Servierschüssel
anrichten. Mit einer Kelle Brühe servieren, die restliche
Brühe separat als Sauce reichen. Dazu ein Bund kleine Radieschen, abgespült, aber mit Blättern, in Salz eingelegte, gut
abgespülte Kapern, mit Weinessig angemacht, und *cornichons*
(Gewürzgürkchen) reichen.

daube de bœuf

RINDFLEISCH MIT WEIN UND OLIVEN

E in langsam gegarter Wintereintopf, der seinen Namen dem Topf verdankt, in dem er gekocht wird. Diese Version stammt aus der Olivenstadt Nyons in der Haute Provence. Getrocknete Orangenschalen verleihen dem Gericht einen Hauch von Sommer.

Für 4–6 Personen

1 kg Rinderschmorfleisch, pariert
250 g Schweinebauch, gewürfelt
2 EL Schweineschmalz oder Olivenöl
1 Zwiebel, gehackt
1 große Karotte, gewürfelt
1 Selleriestange, gewürfelt
4 Knoblauchzehen, zerdrückt
500 g kleine Schalotten oder Perlzwiebeln, gehäutet
2–3 EL klarer Weinbrand
1 EL schwarze Oliven (Oliven aus Nyons sind ideal)
1–2 Stücke getrocknete Schale von 1 unbehandelten Orange
1 kleines Stück Zimt
1–2 Lorbeerblätter
250 ml kräftiger Rotwein
Salz und frisch gemahlener Pfeffer

1 Eine große, bauchige Steingutkasserolle bereithalten. Rindfleisch in mundgerechte Stücke schneiden. Schwarte vom Schweinebauch entfernen, Fleisch würfeln und die Schwarte in kleine Quadrate schneiden.

2 Schmalz oder Öl in einer großen Pfanne erhitzen und Zwiebel, Karotte, Sellerie und Knoblauch zufügen. Kurz anbraten, dann beiseite schieben und die Schalotten oder Babyzwiebeln zufügen. Langsam braten, bis sie leicht Farbe nehmen.

3 Gemüse beiseite schieben, Fleisch in die Pfanne geben und etwas bräunen lassen. Mit dem Weinbrand beträufeln und mit einem Streichholz anzünden, um den Alkohol zu verbrennen und den Zucker im Fleisch zu karamellisieren.

4 Gewürfeltes Schweinefleisch, Rindfleisch, Karotte, Oliven, Orangenschale, Zimtstange und Lorbeerblatt zufügen. Die Schweineschwarte zergeht in der Brühe und dickt den Saft während des langen Garens ein. Rotwein und ausreichend Wasser zugießen, bis das Fleisch vollständig bedeckt ist. Mit Pfeffer (noch kein Salz) würzen und aufkochen lassen.

5 Hitze reduzieren, Deckel fest aufsetzen. Bei schwacher Hitze sehr sanft köcheln lassen oder bei 170 °C in den Ofen stellen. Die *daube* 1 ½ bis 2 Stunden köcheln lassen, bis das Fleisch so zart ist, dass man es mit einem Löffel zerteilen kann.

6 Deckel gegen Ende der Garzeit abnehmen, damit der Saft einkochen und dick werden kann. Vor dem Servieren abschmecken und Salz zufügen.

bœuf bourguignon

RINDFLEISCH IN ROTWEIN

Dieses Gericht aus magerem Rindfleisch wird mit fettem Schweinefleisch angereichert und in demselben Wein gegart, den man bei Tisch dazu serviert – am besten einen kräftigen roten Burgunder. In älteren Rezepten gehört auch ein Kalbsfuß mit hinein. Falls gewünscht, können Sie auch eine Handvoll Champignons zufügen – bräunen Sie sie gleichzeitig mit den Zwiebeln in ausgelassenem Speck an.

Für 6 Personen

1,5 kg Hüfte oder Unterschale vom Rind,
in mundgerechte Würfel geschnitten
1 gemischtes Bund Thymian, Lorbeerblatt und Petersilie
1 Flasche Burgunder oder anderer kräftiger Rotwein
1 EL Weinbrand
1 gehäufter EL Mehl
½ TL zerstoßene Pimentkörner
Salz und frisch gemahlener Pfeffer
250 g Schweinebauch
1 EL Butter
600 g Perlzwiebeln, gehäutet
2 Knoblauchzehen, zerdrückt
250 g durchwachsener Speck, fein gewürfelt

1 Rindfleisch mit Kräutern, Wein und Weinbrand in eine große Schüssel geben. Über Nacht marinieren. Am nächsten Tag das Fleisch herausnehmen, über der Schüssel trocken schütteln und beiseite legen. Marinade aufheben.

2 Mehl mit Piment, Salz und Pfeffer würzen. Fleisch trocken tupfen und leicht mit dem Mehl bestäuben, dann beiseite legen. Schwarte vom Schweinebauch entfernen, aufrollen und zusammenbinden. Fleisch in Würfel schneiden.

3 Eine ofenfeste Kasserolle erhitzen und die Schweinefleisch-würfel sanft im eigenen Fett braten, bis sie von allen Seiten gebräunt sind und reichlich fettiger Bratensaft austritt. Fleisch herausnehmen und beiseite legen.

4 Bratensaft wieder erhitzen (falls erforderlich, etwas Butter zufügen) und das Rindfleisch anbräunen. Herausnehmen und beiseite legen. Bratenfett erneut erhitzen, Zwiebeln, Knoblauch und Speck zufügen und auf der Herdplatte rütteln, bis alle Zutaten angebräunt sind.

5 Beiseite gelegtes Schweine- und Rindfleisch wieder in den Topf geben, aufgerollte Schwarte und die Marinade zufügen, zum Kochen bringen und 1 bis 2 Minuten aufkochen lassen, bis die Kochflüssigkeit nicht mehr nach Alkohol riecht.

6 Hitze reduzieren, Deckel fest aufsetzen und das Gericht 2 bis 3 Stunden sehr sanft köcheln lassen. Alternative: Ofen auf 150 °C vorheizen und die Kasserolle in den Ofen stellen. Wenn während des Garens Flüssigkeit nachgegossen werden muss, kochendes Wasser verwenden.

7 Wenn das Fleisch ganz zart ist, die Schwarte herausnehmen, in feine Streifen schneiden und wieder in die Kochflüssigkeit geben. Kräuter herausnehmen. Abschmecken und nachwürzen. Fleisch direkt aus dem Kochtopf servieren.

SERVIERTIPP Mit einfachem weißem Reis mit Butter servieren oder mit *pommes de terre mousseline* (siehe S. 94) – Kartoffelbrei, aufgeschlagen mit viel heißer Sahne, Butter und einem Eigelb und mit Muskatnuss gewürzt.

Die Entdeckung eines neuen Gerichts macht die Menschheit glücklicher als die Entdeckung eines neuen Sterns.

Anthelme Brillat-Savarin

steak au poivre

PFEFFERSTEAK

Ein einfaches Gericht, das jedoch perfekte Zutaten erfordert. Das zarteste Steak, leicht marmoriert, den aromatischsten Pfeffer, die frischeste Butter und besten Wein. Curnonsky, wegen seines Appetits ebenso wie aus dem Grund, dass er den Larousse Gastronomique *verfasste*, als Prinz der Gastronomen bezeichnet, gibt zwei Rezepte an, eines mit und eines ohne Schalotten. Ich habe Letzteres gewählt, denn wie er selbst sagte: »Faites simple«. Mit krossen Pommes frites servieren und anschließend einen Salat reichen.

Für 4 Personen

4 Steaks, je etwa 250 g
4 TL zerstoßene schwarze Pfefferkörner
1 TL Salz
etwa 50 g Butter
2 Gläser Weißwein (ein halbes Glas pro Steak)

Zum Abrunden
gekühlte Butter

1 Servierteller vorwärmen. Steaks gründlich in Pfeffer wenden, das Gewürz dabei von beiden Seiten gut andrücken. Steaks ,
leicht salzen.

2 In einer schweren Pfanne ein Stückchen Butter pro Steak zerlassen. Wenn die Butter sehr heiß ist, Steaks hineingeben. Fleisch von beiden Seiten anbraten, dann sehr langsam weiterbraten, bis es den gewünschten Garzustand erreicht hat:
2 Minuten pro Seite für blutige Steaks, bis zu 5 Minuten für durchgebratene.

3 Fleisch herausnehmen und auf die vorgewärmten Teller legen. Pfanne mit dem Wein ablöschen und diesen aufkochen
lassen, dabei die braunen Stückchen vom Boden kratzen. Sprudelnd um die Hälfte einkochen lassen. Ein Stückchen Butter
mit dem Schneebesen einrühren, damit die Sauce glänzt und dick wird. Sauce über die Steaks gießen.

entrecôte vigneronne

STEAK NACH WINZER ART

Diese üppige Lyonesische Version des klassischen Steaks mit Weinsauce von der französischen Bistro-Speisekarte ist gleichermaßen köstlich und einfach. Wählen Sie ein gut abgehangenes Steak mit einem nicht zu knappen goldenen Fettrand.

Für 4 Personen

4 dicke Rippensteaks *(entrecôtes)***, je etwa 250 g**
Salz und grob gemahlener Pfeffer
75 g Butter, gekühlt
2–3 Schalotten, fein gehackt
1 Zwiebel, fein gehackt
2–3 Anchovisfilets aus der Dose, abgetropft und fein gehackt
125 ml kräftiger Rotwein, vorzugsweise Burgunder

1 Steaks sauber parieren, dabei viel Fett stehen lassen, und von beiden Seiten würzen. 50 Gramm Butter in einer Bratpfanne mit Sandwichboden auslassen.

2 Sobald die Butter zu schäumen beginnt, Steaks in die Pfanne geben. Fleisch von beiden Seiten anbraten, dann die Hitze leicht reduzieren und 3 Minuten von jeder Seite braten, falls das Fleisch blutig sein soll, oder 4 Minuten für medium gebratene Steaks. Ein durchgebratenes Steak ist hier undenkbar. Fleisch herausnehmen und an einen warmen Ort stellen, damit es sich setzen und fest werden kann, während die Sauce zubereitet wird.

3 Schalotten, Zwiebel und Anchovis in den Bratensaft geben und etwa 5 Minuten auf starker Hitze garen, bis die Zwiebeln leicht gebräunt sind.

4 Wein einrühren, zum Kochen bringen und 1–2 Minuten kräftig aufkochen lassen, damit der Alkohol verdunstet und die Aromen sich konzentrieren. Restliche kalte Butter in kleine Stücke schneiden und zum Abrunden in die Sauce rühren. Wieder erwärmen, bis die Butter schmilzt und eine Emulsion bildet, dann in eine vorgewärmte Sauciere geben. Sauce zu den Steaks servieren.

SERVIERTIPP Steaks mit fein geschnittenen Kartoffeln – *pommes allumettes*, Streichholzkartoffeln – und etwas Brunnenkresse für die Verdauung servieren.

entrecôte bordelaise

RIPPENSTEAKS MIT RINDERMARK UND ROTWEIN

Eines der großen Weltgerichte! Das einzig Entscheidende ist dabei ein Metzger, der sein Handwerk versteht. Das Fleisch muss von sattem Karminrot sein, marmoriert und mit einem dicken Fettrand, dessen Farbe von buttrigem Gold bis Cremeweiß reicht – abhängig von Rasse, Alter und Futter –, und die Markknochen einwandfrei frisch.

Für 4 Personen

4 Rippensteaks *(entrecôtes)***, je etwa 250 g**
Öl oder zerlassene Butter zum Bestreichen
frisch gemahlener Pfeffer

SAUCE
1 EL Butter
2–3 Schalotten, fein gehackt
4 EL Rotwein (natürlich Bordeaux)
4 dicke Scheiben Rindermark (siehe gegenüber)
grobes Meersalz und frisch gemahlener schwarzer Pfeffer
frisch geriebene Muskatnuss
1 EL gehackte Petersilie

ZUM SERVIEREN
1 großes Bund Brunnenkresse

1 Servierteller für das Fleisch vorwärmen und bereitstellen. Steaks mit Öl oder zerlassener Butter bestreichen und von beiden Seiten leicht pfeffern.

2 Eine Grillpfanne erhitzen. Steaks grillen, bis die gewünschte Garstufe erreicht ist: 2 Minuten von jeder Seite für blutige Steaks oder bis zu 5 Minuten, wenn sie durchgebraten sein sollen. Steaks auf die vorgewärmten Teller legen und an einen warmen Ort stellen, während die Sauce zubereitet wird.

3 Butter in einem kleinen Topf erhitzen und die Schalotte sanft anbraten – nicht braun werden lassen. Rotwein zufügen und 3 bis 4 Minuten kräftig kochen lassen, bis sich der Alkohohl-geruch verflüchtigt hat. Rindermarkscheiben hineingleiten lassen und den Topf vom Herd nehmen.

4 Mark und Sauce vorsichtig über die Steaks löffeln – für jedes Steak eine Markscheibe. Mit Meersalz, frisch gemahlenem Pfeffer, etwas Muskatnuss und Petersilie würzen. Mit reichlich Brunnenkresse als Beilage auf jedem Teller sofort servieren.

ZUBEREITUNG VON RINDERMARK Rindermark findet sich in den Markknochen. Bitten Sie Ihren Metzger, den Knochen einer Rinderhachse in kurze Stücke zu sägen. Zerschlagen Sie die Knochenstücke zu Hause mit einem Hammer, und nehmen Sie das weiche gelbe Mark heraus. Mark 1 bis 2 Minuten in Salzwasser köcheln – nicht kochen lassen. Mark vorsichtig herausheben (es zerfällt leicht), abkühlen lassen und in dicke Medaillons schneiden. Wahrscheinlich ist die Menge größer, als Sie für das Rezept brauchen – kein Problem, schneiden Sie den Rest einfach in Würfel, und frieren Sie ihn ein. Sie lassen sich wie Butter zum Anreichern von Saucen verwenden.

hachis parmentier

FLEISCH-KARTOFFEL-GRATIN

Dieser raffinierte Hackfleischauflauf wurde nach einem gewissen Monsieur Parmentier benannt, der die Franzosen davon überzeugte, Kartoffeln anzubauen.

༄

Für 4 Personen

500 g Lammhackfleisch oder gekochtes Lammfleisch, fein gehackt
1 Knoblauchzehe, gehackt
1 große Zwiebel, fein gehackt
50 g Butter
100 g Pilze, gehackt
Salz
½ TL getrockneter Thymian
1 EL gehackte Petersilie
1 gehäufter EL Mehl
½ TL gemahlenes Piment
frisch gemahlener Pfeffer
1–2 Lorbeerblätter
250 ml Brühe oder eine Mischung aus Weißwein und Wasser

FÜLLUNG

1,5 kg Kartoffeln, gekocht und mit Butter, Milch, Salz, Pfeffer und etwas Muskatnuss gestampft
1 Eigelb, mit der Gabel verrührt
1 EL geriebener Käse
1 großes Stück Butter

1 Fleisch, Knoblauch und Zwiebel in der Butter anbraten, bis das Fleisch leicht Farbe nimmt. Gekochtes Lammfleisch erst zufügen, wenn Zwiebel und Knoblauch schon angegart sind, und nur etwas heiß werden lassen. Gelegentlich umrühren, damit nichts ansetzt. Herausnehmen und beiseite stellen.

2 Bratensaft wieder erhitzen. Pilze zufügen, leicht salzen, mit Thymian und Petersilie bestreuen und braten, bis die Pilze zu bräunen beginnen. Herausnehmen und beiseite legen.

3 Fleisch-Zwiebel-Mischung wieder in den Topf geben, Mehl hineinstreuen und unterrühren. Mit Piment und Pfeffer würzen. Lorbeerblätter und Brühe oder Wasser und Wein zufügen und aufkochen lassen. Hitze reduzieren und 20 bis 30 Minuten köcheln lassen, bis das Fleisch zart ist.

4 Ofen auf 200 °C vorheizen. Eine Auflaufform einfetten und eine Schicht Kartoffelbrei (etwa ein Drittel) auf dem Boden verteilen. Fleisch daraufschichten, dann das zweite Drittel Kartoffelbrei. Beiseite gelegte Pilze darauf verteilen und mit der letzten Schicht Kartoffelbrei abschließen.

5 Oberste Schicht Kartoffelbrei mit einer Gabel auflockern und mit Eigelb bestreichen. Mit geriebenem Käse bestreuen und Butter stückchenweise darübergeben. 20 bis 30 Minuten in den Ofen stellen, bis alle Schichten wieder heiß sind und die Oberseite braun und kross ist.

navarin d'agneau

LANGSAM GEGARTES LAMM MIT BABYGEMÜSE

Zarte Lämmer und junges Gemüse haben gleichzeitig Saison und werden in diesem klassischen Eintopf aus der bürgerlichen Tradition kombiniert. Bitten Sie den Metzger um einige Lammknochen für die Brühe.

∽✺∾

Für 4–6 Personen

2 EL Öl oder zerlassene Butter
1 kg Lammfleisch ohne Knochen, beispielsweise Nacken
oder Schulter, pariert und gewürfelt
1 EL gewürfelter Bayonne-Schinken
oder Schinkenspeck
20 kleine Schalotten oder Babyzwiebeln
1–2 Karotten, gewürfelt
Salz und frisch gemahlener Pfeffer
1 EL Mehl
2 Knoblauchzehen
1 EL Tomatenmark
1 gemischtes Bund Petersilie, Thymian und ein Lorbeerblatt
1 l Lamm- oder Gemüsebrühe

ZUM FERTIGSTELLEN
neue Kartoffeln, junge Erbsen, junge Bohnen, Babykarotten,
Babyrüben
2 EL gehackte Petersilie

1 Öl oder Butter in einer Schmorpfanne mit geraden Seiten oder einer schweren Bratpfanne erhitzen. Lamm, Schinken oder Schinkenspeck, Schalotten oder Zwiebeln und Karotten hineingeben. Auf sehr starker Hitze unter Rühren braten, bis die Zutaten von allen Seiten gebräunt sind. Mit Salz und Pfeffer würzen.

2 Sichtbares Fett aus der Pfanne löffeln, Mehl hineinstreuen und den Pfanneninhalt auf dem Herd einige Minuten lang wenden, bis das Mehl leicht gebräunt ist.

3 Knoblauch, Tomatenmark, Kräuter und Brühe zufügen. Zum Kochen bringen, 1 bis 2 Minuten kochen lassen. Hitze reduzieren und 40 bis 60 Minuten köcheln lassen, bis das Lammfleisch sehr zart und der Saft konzentriert und kräftig ist. Alternative: Zutaten in eine ofenfeste Kasserolle füllen und 1 Stunde bei 160 °C im Ofen garen.

4 Für eine klassische Präsentation das Babygemüse getrennt in einer Kelle voll Brühe vom Lamm garen. Lamm abschmecken und nachwürzen. Fleisch in Scheiben schneiden in einer vorgewärmten Servierschüssel anrichten und mit gehackter Petersilie bestreuen. Gemüse vor dem Servieren auf dem *navarin* anrichten.

épaule d'agneau en pistache

GESCHMORTE LAMMSCHULTER MIT KNOBLAUCH

Für dieses Rezept wird eine entbeinte Lammschulter (oder auch ein Rücken) mit einer unglaublichen Menge Knoblauch gegart, der Erkennungszutat einer pistache. Wählen Sie den milden provençalischen Knoblauch mit der rosigen Haut, und keine Sorge: Die Menge erscheint riesig, aber durch das langsame Garen löst sich das Fleisch praktisch auf, der Saft dickt ein, und das Aroma wird wunderbar mild. Rebhuhn, Fasan und Taube lassen sich auf dieselbe Art zubereiten. Bratkartoffeln mit Rosmarin passen ideal als Beilage.

Für 4–6 Personen

1 Lammschulter, entbeint, gerollt und zusammengebunden
Salz und frisch gemahlener Pfeffer
2 EL frisches Schweineschmalz oder Gänseschmalz
1 dicke Scheibe (etwa 100 g) luftgetrockneter Schinken oder
magerer Schinkenspeck, in kleine Würfel geschnitten
50 Knoblauchzehen, etwa 5 ganze Knollen, geschält, aber ganz
150 ml Weißwein (nicht zu trocken – ein süßlicher Wein
ergänzt den Knoblauch)
150 ml Lamm- oder Gemüsebrühe
1 gemischtes Bund Thymian, Rosmarin, Lorbeerblatt, Petersilie
1 kleines Stück getrocknete Schale von 1 unbehandelten Orange

1 Ofen auf 180 °C vorheizen. Fleisch abwischen und mit sehr wenig Salz und reichlich Pfeffer einreiben.

2 Eine große Kasserolle wählen, in die Fleisch und Knoblauch eben hineinpassen. Schweine- oder Gänseschmalz in der Kasserolle erhitzen, Schinken und Knoblauch hineingeben und braten, bis der Knoblauch weich wird. Herausnehmen und beiseite legen.

3 Lamm im heißen Bratensaft wenden und von allen Seiten leicht anbräunen. Beiseite gelegten Schinken und Knoblauch, Wein und Brühe zufügen – das Fleisch sollte etwa bis zur halben Höhe in der Flüssigkeit liegen. Kräuter und Orangenschale an die Seiten stecken und alles zum Kochen bringen. Deckel fest aufsetzen und in den Ofen stellen.

4 1 Stunde kochen lassen, bis das Fleisch ganz zart ist und die Knoblauchzehen aufgelöst und weich sind. Lamm in eine vorgewärmte Servierschüssel geben, locker mit Alufolie abdecken (glänzende Seite nach innen) und 10 Minuten ruhen lassen. Dann in gleichmäßige Scheiben schneiden.

5 Inzwischen die Kräuter und Schalen aus der Kochflüssigkeit entfernen. Knoblauch in der Kochflüssigkeit zerstampfen, um der Sauce Substanz und Aroma zu verleihen, und über das Fleisch löffeln.

blanquette de veau

POCHIERTES KALB IN SAHNESAUCE

Ein köstliches Gericht, das wenig Vorbereitung, dafür aber eine ganze Menge Geduld erfordert – seine Zubereitung und sein Genuss sind gleichermaßen entspannend. Gut für Kranke, Kinder und zahnlose Großväter.

Für 6–8 Personen

2 kg Kalbsschulter, entbeint, pariert und in Würfel geschnitten
gut 2 l Kalbs- oder Hühnerbrühe, plus etwas Brühe extra
1 kleine Zwiebel, mit 2–3 Gewürznelken gespickt
2 Karotten, gewürfelt
1 Lauchstange, fein gehackt
1 gemischtes Bund Petersilie, Thymian und Lorbeer
½ TL weiße Pfefferkörner
Meersalz
75 g Butter
75 g Mehl
250 g Champignons
Saft von 1 Zitrone
3 Eigelbe
150 ml Crème double
¼ TL frisch geriebene Muskatnuss
frisch gemahlener Pfeffer

ZUM ABRUNDEN
fein gehackte Petersilie

1 Kalbfleisch mit 2 Liter Brühe in einen großen Topf geben. Zum Kochen bringen und den grauen Schaum, der dabei aufsteigt, sorgfältig und vollständig abschöpfen.

2 Zwiebeln, Karotten, Lauch, Kräuter, Pfefferkörner und Salz zufügen. Wieder zum Kochen bringen, Hitze reduzieren und Deckel locker aufsetzen. Etwa 1½ Stunden sanft köcheln lassen (es sollten keine Blasen an die Oberfläche steigen), bis das Fleisch zart und die Brühe kräftig und klar ist. Brühe gelegentlich abschäumen und kochendes Wasser zufügen, falls erforderlich, um die Flüssigkeitsmenge zu erhalten.

3 Kräuter, Zwiebel und Karotten mit einem Schaumlöffel abschöpfen und wegwerfen. Fleisch herausnehmen und beiseite legen. Brühe vorsichtig durch ein Sieb gießen, das mit einem sauberen Tuch ausgelegt ist. Klare Brühe wieder in den Topf geben.

4 Sauce zubereiten: Butter mit dem Mehl zu einer glatten Paste zerdrücken – der *beurre manie*. Paste mit dem Schneebesen unter die Brühe rühren und unter stetigem Rühren wieder erhitzen, bis sie kocht. Hitze reduzieren und etwa 30 Minuten köcheln lassen, bis die Sauce auf ein Drittel eingekocht ist.

5 Inzwischen etwas Kalbs- oder Hühnerbrühe zum Kochen bringen. Pilze und 1 TL Zitronensaft zufügen und 5 Minuten kochen lassen. Beiseite gelegtes Fleisch zufügen und sanft wieder erhitzen, dann in eine vorgewärmte Servierschüssel legen.

6 Restlichen Zitronensaft mit der Gabel unter die Eigelbe rühren. Sauce vom Herd nehmen und die Sahne, dann die Eigelbmischung einrühren. Mit etwas Muskatnuss würzen. Topf

wieder auf den Herd stellen und einige Minuten unter Rühren mit einem Holzlöffel köcheln lassen, bis die Mischung glatt ist. Sauce nicht kochen lassen. Abschmecken und mit Salz und Pfeffer würzen.

7 Sauce über das Fleisch gießen und mit der Petersilie bestreuen.

choucroute

SAUERKRAUT MIT WÜRSTCHEN

*D*ieser fantastische Schweinefleisch-Weißkohl-Eintopf wird
im Elsass zubereitet, wo der deutsche Einfluss stark aus-
geprägt ist. Seinen Namen verdankt er seiner Hauptzutat, dem
eingelegten Weißkohl, also Sauerkraut.

∾

Für 8 Personen

2 kg Sauerkraut
frisch gemahlener Pfeffer
4 dünne Scheiben frischer Schweinespeck
1 große Karotte, in Scheiben geschnitten
1 Zwiebel, mit 2–3 Gewürznelken gespickt
1 kleines Bund aus Petersilie, einem Lorbeerblatt und Thymian
1 TL Wacholderbeeren, zerdrückt
1 Schweinehachse
500 g geräucherter Schinkenspeck, am Stück
8 dicke Scheiben Schinken
1 große Knoblauchwurst, etwa 1 kg, mit der Gabel eingestochen
8 EL Gänseschmalz oder frisch zubereitetes Schweineschmalz
2 Gläser Weißwein
etwa 1 l Brühe oder Wasser
8 große Frankfurter Würstchen

ZUM SERVIEREN
gekochte Kartoffeln/Gewürzgurken/milder Senf

1 Sauerkraut in eine Schüssel mit kaltem Wasser legen und mit den Fingern auflockern. Wasser abgießen. Zweimal wiederholen, dabei möglichst viel Flüssigkeit ausdrücken. Abgetropftes Sauerkraut auf einem sauberen Geschirrtuch ausbreiten und 1 bis 2 Stunden trocknen lassen. Mit Pfeffer würzen – Salz sollte nicht nötig sein.

2 Ofen auf 160 °C vorheizen. Einen großen, ofenfesten Schmortopf oder eine Kasserolle mit dem Schweinespeck auslegen. Die Hälfte des Sauerkrauts auf dem Speck ausbreiten, dann Karotte, Zwiebel, Kräuter, Wacholderbeeren, Schweinehachse, Schinkenspeck, Schinken und Knoblauchwurst daraufschichten. Mit der Hälfte des Gänse- oder Schweineschmalzes beträufeln und mit dem restlichen Sauerkraut bedecken.

3 Weißwein und so viel Brühe oder Wasser angießen, dass alle Zutaten angefeuchtet sind. Mit dem restlichen Gänseschmalz abrunden. Zutaten zum Kochen bringen, Topf mit Deckel oder Alufolie fest verschließen und in den Ofen stellen.

4 2 Stunden sanft garen lassen, bis die Flüssigkeit fast vollständig aufgesogen ist. Nach 30 bis 40 Minuten die Knoblauchwurst herausnehmen und warm stellen. Nach 1 Stunde den Schinkenspeck herausnehmen und beiseite legen.

5 20 Minuten vor dem Ende der Garzeit die Frankfurter in Wasser erhitzen – das Wasser nicht kochen lassen.

6 Sauerkraut auf eine vorgewärmte Servierplatte häufen – traditionellerweise ist diese lang und schmal. Zwiebel entfernen und wegwerfen. Fleisch in Scheiben schneiden und auf das Sauerkraut schichten: Traditionell werden die Schinken-

scheiben zuunterst gelegt und abwechselnd überlappende Scheiben Schinkenspeck, Wurst und Schweinefleisch daraufgeschichtet. Zum Schluss die Frankfurter am Rand anrichten.

7 Sehr heiß auf vorgewärmten Tellern mit einer großen Schüssel gekochten Kartoffeln, Gewürzgurken und mildem Senf servieren.

CHOUCROUTE Sauerkraut wird aus fein geschnitzeltem Weißkohl hergestellt, der einen leichten Fermentierungsprozess durchläuft. Diese wundersame Verwandlung verleiht dem Kohl nicht nur einen guten Geschmack, sondern macht ihn leichter verdaulich und erhält den Vitamingehalt. Die Lake wird als Kurgetränk für alles Mögliche eingesetzt, von Kater und Morgenübelkeit bis zu den Nachwirkungen einer Geburt.

Der erste *choucroute* der Saison wird traditionell nach dem herbstlichen Schweineschlachten, das bequemerweise zeitlich mit der Weinernte zusammenfällt, mit frischem Schweinefleisch und Wurst gegessen. Im Winter wird es dann mit gesalzenem Schweinefleisch und Räucherwürsten verzehrt und taucht mit Gans zu den Weihnachtsfeierlichkeiten wieder auf. Am Neujahrstag dient es als Opfergabe für die Erneuerung des Jahres, und der Rest wird zur Fastenzeit aus dem Fass gekratzt und mit frischem Fisch gegessen, sobald das Frühlingstauwetter die Fischerboote wieder aus dem Hafen lässt.

BRIES *(RIS)* Briese in eine Schüssel geben und mit Salzwasser bedecken. 24 Stunden einweichen, bis das Blut vollständig ausgeschwemmt ist. Säubern und abwischen. Dann mit einigen Pfefferkörnern und 1 EL Essig in kochendes Wasser geben. Wieder zum Kochen bringen und 15 Minuten köcheln lassen. Abtropfen lassen und alle Reste von Haut und Sehnen entfernen. Zwischen zwei beschwerten Tellern ausdrücken, bis sie kalt und fest sind. In Quadrate schneiden. Nun können sie in Gerichten verwendet werden – in Butter geschmort, mit Pilzen und Sahne gewürzt, paniert oder gebraten – ganz nach persönlicher Vorliebe.

HIRN *(CERVELLES)* Zunächst in Salzwasser einweichen (je nach Größe 2 bis 4 Stunden). Hirnhaut entfernen und das Fleisch sorgfältig abwischen. Erneut 1 Stunde einweichen, um alle Blutreste auszuschwemmen. Wie Briese köcheln lassen – Hirn braucht 10 Minuten länger. In der Kochflüssigkeit lagern, wenn es nicht sofort verbraucht wird.

KUTTELN *(TRIPES)* Kutteln sind die innere Schicht des Wiederkäuermagens, meist eines Rindes. Alle Wiederkäuer haben vier Mägen – drei davon werden als »gras double« (Fettdarm) bezeichnet, der vierte nur als Kutteln. Alle vier werden für Frankreichs berühmtestes Kuttelgericht verwendet, *tripes à la mode de Caen.* Für sechs Personen 2 Kilo küchenfertig gewaschene Kutteln kaufen und sehr sanft mit einigen blanchierten halbierten Schweinsfüßen, einer Handvoll Karottenscheiben, einigen Zwiebeln, in dicke Ringe geschnitten, Petersilie, Lorbeerblatt, einem Schuss Calvados,

Pfefferkörnern, Salz in so viel Cidre schmoren, dass sie bedeckt sind – vorzugsweise in einer rundbauchigen *tripière* mit enger Öffnung. Wenn die Kutteln ganz zart sind – nach 3 bis 4 Stunden sehr sanftem Köcheln – mit Salzkartoffeln servieren und mit dem Löffel essen.

LEBER *(FOIE)* Kalbsleber gilt zu Recht als die delikateste unter den Innereien, und *foie de veau à l'anglaise* – Kalbsleber nach englischer Art – wird am meisten geschätzt. Für vier Personen beim Metzger 750 Gramm Kalbsleber in fingerlange Filets schneiden lassen, eine halbe Stunde in Milch einweichen, abtropfen lassen, in mit Salz und Pfeffer gewürztem Mehl wenden und auf starker Hitze mit einer Handvoll gewürfeltem Schinkenspeck in Butter braten – Leber sollte rosa und saftig bleiben.

NIEREN *(ROGNONS)* Am teuersten sind Kalbsnieren. Für zwei Portionen *rognons à la bordelaise* eine Kalbsniere in dicke Scheiben schneiden (fette weiße Mitte herausschneiden), 10 Minuten in Wasser mit einem Schuss Weinessig einweichen, abtropfen lassen und in etwas gewürztem Mehl wenden. 1 bis 2 Minuten in Butter anbraten, bis das Fleisch fest wird, einen Schuss Madeira und ein Glas roten Bordeaux zufügen, aufkochen lassen, bis der Alkohol verdampft und die Sauce eingedickt ist, und mit einem Löffel mildem Bordeaux-Senf abrunden. *Rognons blancs* – weiße Nieren, eine taktvolle Umschreibung für Hoden *(animelles)* – lassen sich auf dieselbe Weise zubereiten.

ris de veau à la crème

KALBSBRIESE MIT SAHNE

*Z*wei Arten von Bries werden unter demselben Namen ver-
kauft: die Bauchspeicheldrüse (längliche Form, in der
Nähe des Magens zu finden) und die Thymusdrüse (runde
Form und am Halsansatz zu finden).

Für 4 Personen

4 Kalbsbriese
Salz
einige schwarze Pfefferkörner
1 EL Weißweinessig

SAUCE
2 EL Butter
2 El fein gehackte Champignons
1 EL Mehl
150 ml Weißwein
150 ml Crème double
1 Eigelb, mit der Gabel verrührt
frisch gemahlener Pfeffer

ZUM SERVIEREN
Brotscheiben, in Butter geröstet

1 Briese in eine Schüssel legen und mit kaltem Wasser bedecken, dann etwas Salz zufügen. 24 Stunden an einen kühlen Ort stellen, um alle Blutreste auszuschwemmen. Säubern und abwischen.

2 Abgetropfte Briese 3 Minuten mit Pfefferkörnern und Essig in kochendem Wasser pochieren. Abtropfen lassen und alle Haut- und Sehnenreste entfernen. Zwischen zwei beschwerten Tellern ausdrücken, bis sie kalt und fest sind – das dauert mindestens 1 Stunde. Briese in dicke Scheiben schneiden.

3 Inzwischen die Sauce zubereiten. Dazu die Butter in einem kleinen Topf zerlassen und die Pilze 2 bis 3 Minuten sanft anbraten. Mit dem Mehl bestreuen und wenden, bis die Butter aufgesogen ist. Den Wein angießen und unter Rühren mit dem Schneebesen aufkochen lassen, bis die Sauce nicht mehr nach Alkohol riecht.

4 Crème double und Eigelb einrühren. Sauce wieder erhitzen, aber nicht kochen lassen, dann die Briese hineingleiten lassen und sanft erwärmen. Abschmecken und mit Salz und Pfeffer würzen. Auf kleinen, in Butter gerösteten Brotscheiben servieren.

pieds de porc sainte-ménéhould

PANIERTE SCHWEINSFÜSSE

Von diesen Schweinsfüßen werden Sie begeistert sein, auch wenn Sie das erst nicht glauben. Das Geheimnis liegt im langsamen Schmoren in einem Weinsud. Setzen Sie die Füße gleich morgens auf, und lassen Sie sie den ganzen Tag köcheln, dann werden Fleisch und Haut wunderbar zart.

Für 4–8 Personen

4 Schweinsfüße, abgesengt, abgebrüht und abgeschabt
1 Zwiebel, grob zerkleinert
1 Karotte, grob zerkleinert
1 Selleriestange, grob zerkleinert
1 Lorbeerblatt
einige Pfefferkörner
1 Glas trockener Weißwein

ZUM FERTIGSTELLEN
4 EL Semmelbrösel
1 Knoblauchzehe, fein gehackt
2 EL gehackte Petersilie
Salz und frisch gemahlener Pfeffer
125 g Butter, zerlassen

1 Schweinsfüße längs halbieren, Hälften paarweise wieder zusammenbinden und in eine ofenfeste Kasserolle legen. Zwiebel, Karotte, Sellerie, Lorbeerblatt und Pfefferkörner zufügen. Wein und genügend Wasser zufügen, um die Zutaten vollständig zu bedecken.

2 Zum Kochen bringen, Deckel locker aufsetzen und 30 Minuten stetig kochen. Kasserolle mit kochendem Wasser bis knapp unter den Rand auffüllen, Hitze reduzieren und Deckel fest aufsetzen – falls er nicht genau passt, den Rand mit einer Paste aus Mehl und Wasser abdichten. Ofen auf 140 °C vorheizen.

3 In den Ofen stellen und mindestens 8 Stunden sehr sanft köcheln lassen, bis die Schweinsfüße ganz weich sind. Im eigenen Saft abkühlen lassen.

4 Schweinsfüße abtropfen lassen, eine Kelle der Kochflüssigkeit aufheben. Bindfaden lösen und die Füße mit der Schnittseite nach oben in einer Auflaufform anrichten. Knochen aus der Mitte entfernen. Grill vorheizen.

5 Zum Fertigstellen Semmelbrösel, Knoblauch und Petersilie mischen. Schweinsfüße mit der Semmelbröselmischung bedecken, mit Salz und Pfeffer würzen und mit zerlassener Butter beträufeln. Oberste Schicht goldbraun und kross grillen.

cervelles au beurre noir

HIRN MIT SCHWARZER BUTTER

E in wahrhaft köstliches Gericht. Französische Gourmets
haben eine etwas derbere Meinung darüber, was gut
schmeckt, und würden nicht im Traum daran denken, die
besten Teile eines Tieres wegzuwerfen.

Für 4 Personen

1 Kalbshirn oder 3 Lammhirne
Salz
½ TL Pfefferkörner
1 Lorbeerblatt
1 EL Essig
frisch gemahlener Pfeffer

ZUM ABRUNDEN
125 g Butter
etwas Mehl
1 EL Essig
1 EL abgetropfte Kapern

1 Hirn je nach Größe 2 bis 4 Stunden in Salzwasser einweichen. Abtropfen lassen, trocken tupfen, Hirnhaut entfernen und Fleisch sorgfältig abwischen. Eine weitere Stunde in frischem Salzwasser einweichen, um alle Blutreste auszuschwemmen.

2 Einen kleinen Topf Wasser mit Salz, Pfefferkörnern, Lorbeerblatt und Essig zum Kochen bringen und das Hirn hineingeben. Wieder zum Kochen bringen, Hitze reduzieren und je nach Größe 10 bis 15 Minuten köcheln lassen. Gut abtropfen lassen und zwischen zwei beschwerten Tellern kalt und fest werden lassen.

3 Inzwischen die Butter zum Abrunden des Gerichts klären. Dazu die Butter in einem kleinen Topf zerlassen. Sobald das Fett austritt, die klare, oben schwimmende Flüssigkeit abgießen und aufheben, die milchige Flüssigkeit am Boden wegwerfen.

4 Hirn in mundgerechte Würfel schneiden, gründlich in etwas gewürztem Mehl wenden und in 1 EL geklärter Butter bräunen. Herausnehmen und beiseite legen.

5 Restliche Butter im Topf erhitzen. Sobald sie leicht gebräunt ist, Essig und Kapern zufügen, wieder erhitzen und die Butter über das Hirn löffeln.

Saucen

sauce béchamel

BÉCHAMELSAUCE

Die béchamel *ist eine von drei Grundsaucen, auf denen eine ganze Reihe weiterer Saucen basieren;* sauce espagnole *und* sauce velouté *sind die beiden anderen. Eine Béchamelsauce wird selten pur verwendet, sondern dient als Grundlage für andere Zutaten – gegartes, fein gewürfeltes oder gehacktes Huhn, Fleisch, Fisch oder Gemüse (vor allem Spinat). Daraus lassen sich dann* plats composés, *Kombinationsgerichte, zubereiten. So kann man sie beispielsweise in einer Auflaufform verteilen, mit geriebenem Käse oder Semmelbröseln und Butter bedecken und unter dem Grill bräunen, bis die Oberseite Blasen wirft und sich goldbraun verfärbt.*

Ergibt 600 ml dicke Sauce

50 g Butter
50 g Mehl
600 ml Vollmilch
Salz und frisch gemahlener Pfeffer
¼ TL frisch geriebene Muskatnuss (nach Belieben)

1 Butter in einem schweren Topf zerlassen. Mehl einrühren und kurz anschwitzen, bis es sandig aussieht – nicht bräunen lassen. Fertig ist die helle Mehlschwitze.

2 Mehlschwitze etwas abkühlen lassen, währenddessen die Milch in einem anderen Topf erhitzen. Milch kurz bevor sie zum Kochen kommt vom Herd nehmen.

3 Heiße Milch langsam mit dem Schneebesen in die Mehlschwitze rühren, Topf bei schwacher Hitze wieder auf den Herd stellen und mit einem Holzlöffel umrühren, bis die Sauce glatt ist, nicht mehr nach Mehl schmeckt und am Löffelrücken hängen bleibt.

4 Béchamelsauce mit Salz, Pfeffer und geriebener Muskatnuss (falls verwendet) würzen. Um die Sauce für eine spätere Verwendung aufzuheben, einige kalte Butterstücke auf der Oberfläche verteilen, damit sie dort schmelzen und die Bildung einer Haut verhindern.

SAUCEN AUF BÉCHAMEL-GRUNDLAGE Üppiger wird die Sauce, wenn statt Milch Sahne verwendet wird.

Sauce mornay 3 bis 4 EL geriebenen Käse zufügen und sanft wieder erhitzen, bis der Käse schmilzt.

• Für Meeresfrüchtegratins gegarte Meeresfrüchte (Seezungen-, Steinbutt- oder Lachsfilets, geschälte Garnelen, küchenfertige Krebse, Jakobsmuscheln oder Miesmuscheln) unter die *sauce mornay* heben und in einer Auflaufform verteilen. Mit geriebenem Käse oder Semmelbröseln bestreuen und unter dem Grill bräunen.

• Für Fischgratins in Einzelportionen gründlich gesäuberte Schalen von Jakobsmuscheln als Behälter verwenden.

• Die Milch kann durch dieselbe Menge Weißwein und Fischfond ersetzt werden; mit einem Extrastückchen Butter oder 1 EL Sahne abrunden.

Sauce soubise Zwiebelsauce auf Béchamelbasis. 400 Gramm fein gehackte Zwiebel in 50 Gramm Butter glasig dünsten (nicht bräunen lassen). Mit 1 EL Sahne pürieren. Püree in die Béchamelsauce rühren, wieder erhitzen und abschmecken.

• *Sauce soubise* wird traditionell zu hart gekochten Eiern oder einfachen Salzkartoffeln serviert.

Sauce duxelles Einfache Béchamelsauce mit Weißwein, Hühnerbrühe und Sahne anstelle von Milch zubereiten. 300 Gramm gehackte Pilze (Wild- oder Zuchtpilze) sanft in etwa 50 Gramm Butter anbraten – bis die Flüssigkeit vollständig verdampft ist, die Pilze aber noch nicht braun sind. Fertig gegarte Pilze in die Sauce rühren.

- Gut zum Füllen von Königinpasteten oder pikanten Windbeuteln.
- Ideal als dicke Sauce für das Fleisch eines gekochten Huhns – in einer Auflaufform verteilen, mit der Sauce bedecken, mit Semmelbröseln bestreuen, einige Butterstücke darauf verteilen und unter dem Grill goldbraun werden lassen.

Sauce panada Dicke weiße Saucenbasis, die als Grundlage für andere Zutaten dient. Je nach gewünschter Dichte der Sauce die Flüssigkeitsmenge im Verhältnis zu Fett und Mehl halbieren oder vierteln. Mit etwas Erfahrung können Sie das bald selbst einschätzen.

- Eine *sauce panada* kann mit anderen Flüssigkeiten – Brühe oder Wein – verdünnt werden oder als Grundlage für ein herzhaftes Soufflé dienen – gewürzt mit geriebenem Käse, gewürfeltem Schinken, fein gehackten Shrimps oder gehacktem gekochtem Spinat.
- Als Basis für Kroketten eine *sauce panada* nach dem Rezept für Béchamelsauce herstellen, jedoch mit 300 ml Milch oder Brühe. Mit gehackten Resten von gegartem Huhn oder anderem Fleisch, gegarten Pilzen oder geriebenem Käse mischen. Über Nacht im Kühlschrank abkühlen und fest werden lassen. Dann zu kleinen Röllchen formen, in gewürztem Mehl wenden, in verquirltes Ei tauchen und in Semmelbröseln wenden. Panade 1 bis 2 Minuten fest werden lassen, dann die Kroketten frittieren. Die Temperatur des Frittierfettes sollte hoch genug sein, dass die Panade kross und das Innere heiß wird – wenn sie zu hoch ist, verbrennt die Panade, ist sie zu niedrig, platzt die Krokette. Übung macht hier den Meister.

sauce espagnole

EINFACHE BRAUNE SAUCE

Diese dunkle Sauce auf Fleischbasis verdankt ihre Identität und ihren Charakter dem gesalzenen, luftgetrockneten jambon de Bayonne. Bayonne-Schinken ist eng mit dem Serrano-Schinken verwandt, der spanischen Eintöpfen Farbe und Aroma verleiht – daher der Name »spanische Sauce«. Die französische Verfeinerung besteht darin, dass der jambon de Bayonne mit dem mirepoix verwendet wird, einer Röstgemüsemischung, die der fertigen Sauce Tiefe und Komplexität verleiht. Sauce espagnole kann zu Fleischgerichten serviert werden, dient aber auch als Grundlage für andere Saucen.

Ergibt etwa 600 ml

25 g Butter
1 EL fein gewürfelter Bayonne-Schinken
1 große Karotte, gewürfelt
1 Zwiebel oder 2 Schalotten, fein gehackt
1 Selleriestange, fein gehackt
2 EL gehackte Pilze
1 Lorbeerblatt
1 kleiner Thymianzweig
25 g Mehl
1 l kräftige Fleischbrühe, erhitzt
600 ml gehackte Tomaten
Salz und frisch gemahlener Pfeffer

1 Die Hälfte der Butter in einem schweren Topf zerlassen. Schinken, Karotte, Zwiebel oder Schalotten, Sellerie, Pilze, Lorbeerblatt und Thymian zufügen und 20 bis 30 Minuten sanft braten, bis die Zutaten weich und leicht karamellisiert sind. Herausnehmen und beiseite stellen – dies ist ein einfaches *mirepoix*, die klassische Würzgemüsemischung der französischen Küche.

2 Restliche Butter im Topf zerlassen, Mehl einstreuen und auf dem Herd rühren, bis die Mischung eine tiefbeige Färbung annimmt – Mahagoni ist zu dunkel –, dann sofort vom Herd nehmen. Mit einem Schuss Brühe den Garprozess anhalten.

3 Mischung wieder auf den Herd stellen und unter Rühren mit dem Schneebesen aufkochen lassen, bis eine glatte Sauce entsteht – eine karamellfarbene *sauce panada*. Restliche Brühe mit dem Schneebesen einrühren und wieder zum Kochen bringen.

Beiseite gestelltes *mirepoix* und Tomaten zufügen und erneut unter Rühren aufkochen lassen. Hitze reduzieren und 2 bis 3 Stunden sehr sanft köcheln lassen – es sollten keine Blasen an die Oberfläche steigen –, bis die Sauce auf die Hälfte eingekocht ist, ein kräftiges Aroma hat und ein wenig klebrig ist. Die Sauce während des Garens gelegentlich abschäumen.

Etwas abkühlen lassen, dann die Sauce durch ein feines Sieb passieren oder noch besser durch ein Stück Gaze abgießen. Damit sich keine Haut bildet, einige Butterflocken auf der Oberfläche verteilen. Als Grundlage für andere Saucen verwenden, die zu gegrilltem Fleisch gereicht werden.

SAUCEN AUF *ESPAGNOLE*-GRUNDLAGE

Sauce Robert 600 ml *sauce espagnole* herstellen, 150 ml Weißwein und 4 EL Weißweinessig zufügen. Aufkochen lassen, bis die Sauce um ein Drittel eingekocht ist. Vom Herd nehmen und 1 EL Dijon-Senf einrühren.
• Als Sauce für gegrillte Schweinekoteletts, *magret de canard* (Entenbrust) aus der Pfanne, Kaninchen vom Spieß oder pochierte Eier verwenden.

Sauce bordelaise 600 ml *sauce espagnole* herstellen, 300 ml leichten Rotwein (am authentischsten ist ein Bordeaux) zufügen und aufkochen lassen, bis die Sauce um ein Drittel eingekocht ist. 125 Gramm Rindermark 10 Minuten in Salzwasser pochieren. Sorgfältig abtropfen lassen, vier bis sechs Scheiben abschneiden und beiseite legen, den Rest würfeln. Sauce sanft wieder erhitzen und 1 EL Butter (in kleine Stücke geschnitten), das gewürfelte Mark und 1 EL fein gehackte Petersilie einrühren.

- Als Sauce für gegrillte Rippensteaks *(entrecôtes)* verwenden, auf jedes Steak eine der beiseite gelegten Markscheiben legen.
- Sauce als Bindemittel für ein Gratin aus gegartem, gewürfeltem Rind- oder Lammfleisch verwenden: in einer Auflaufform verteilen, mit Semmelbröseln und fein gehackter Petersilie bestreuen und Butterflocken darübergeben. Gratin unter den Grill stellen, bis es kross wird und Blasen schlägt.

Sauce madère 600 ml *sauce espagnole* herstellen und 150 ml Madeira zufügen. Aufwallen und kochen lassen, bis die Sauce um ein Viertel reduziert ist.
- Als Sauce für heiße Schinkenscheiben oder Schweinekoteletts aus der Pfanne verwenden.
- Als Bindemittel für gegartes, gewürfeltes Fleisch – Lamm, Schwein oder Rind – für ein Gratin verwenden, wie die *sauce bordelaise.*

Sauce périgourdine 600 ml *sauce madère* herstellen, 1 EL gewürfelte Schwarztrüffeln einrühren und sanft erhitzen. Besonders reichhaltig wird die Sauce, wenn man 1 EL zerdrückte Gänseleberpastete oder *confit de foie gras* (siehe S. 28) darin zerlässt.
- Als Sauce für gegrillte *magret de canard* (Entenbrust), Hühnerbrust oder Perlhuhn verwenden.
- Als Bindemittel für gegartes Geflügel oder Wild für ein Gratin verwenden, wie die *sauce bordelaise.*

Sauce au poivre 600 ml *sauce espagnole* herstellen und 1 TL gründlich zerstoßene Pfefferkörner einrühren (im Mörser zerstoßen). Zum Kochen bringen und 10 bis 15 Minuten köcheln lassen, bis die Sauce das Pfefferaroma gut aufgenommen hat. 2 bis 3 EL Crème double einrühren, erneut aufkochen lassen und als Sauce für gegrillte Steaks verwenden.

sauce velouté

SAMTSAUCE

Die dritte französische Sauce auf Mehlschwitzebasis. Diese glatte goldene Sauce wird durch Köcheln einer stark reduzierten, mit Mehl angedickten Hühner- oder Kalbsbrühe (oder eines Fischfonds, wenn die Sauce für ein Fischgericht sein soll) hergestellt. Ein helleres Ergebnis erhält man, wenn man die Sauce statt mit einer Mehlschwitze mit einer beurre manie andickt – Mehl, das mit der gleichen Menge kalter Butter zu einer Paste verarbeitet wird. Diese Sauce kann als Grundlage für ein Huhn-, Gemüse- oder Fischgratin dienen.

Ergibt etwa 1 Liter

75 g Butter oder Gänseschmalz
75 g Mehl
1,5 l kräftige Hühner- oder Kalbsbrühe
1 kleines Stück Butter zum Abrunden (nach Belieben)

1 In einem großen Topf mit Sandwichboden Butter oder Gänseschmalz zerlassen. Mehl hineinstreuen und rühren, bis die Mischung die Farbe von Sand annimmt.

2 Brühe hineingießen und mit dem Schneebesen verrühren, damit sich keine Klümpchen bilden. Zum Kochen bringen, einmal aufwallen lassen, Hitze reduzieren und etwa 30 Minuten unter regelmäßigem Rühren sanft köcheln lassen, bis die Sauce ein Drittel ihres Volumens verloren hat und glatt und glänzend aussieht. Wenn die Sauce im Voraus zubereitet wird, zum Schluss ein paar Butterflocken auf der Oberfläche verteilen, damit sich keine Haut bildet.

SAUCEN AUF *VELOUTÉ*-GRUNDLAGE

Sauce allemande   Eine *sauce velouté* mit Hühnerbrühe zubereiten, aber 30 Minuten länger kochen lassen. Dieselbe Menge an Gemüsebrühe herstellen und mit Pilzresten aromatisieren, dann durch ein Sieb abgießen und zur Sauce geben. Weitere 30 Minuten sanft köcheln lassen, bis die Sauce auf dem Rücken eines Holzlöffels einen dicken Film hinterlässt. Vom Herd nehmen und etwas abkühlen lassen. Mit einer Gabel zwei Eigelbe mit 1 EL Crème double verrühren und mit dem Schneebesen unter die Sauce rühren. Sauce sanft wieder erhitzen, dabei mit dem Schneebesen rühren, bis alles gut vermischt ist, und vom Herd nehmen, bevor sie kocht. Mit etwas frisch geriebener Muskatnuss würzen.
• Als Sauce für gebratene Leber oder Nieren, pochiertes, in Scheiben geschnittenes Bries oder Hirn oder pochierte Eier verwenden. Als Beilage zu Fisch wie oben beschrieben herstellen, jedoch mit einer Fisch-*Velouté*.

Sauce poulette Eine *sauce allemande* (siehe oben) mit dem Saft von einer Zitrone und 2 EL fein gehackter Petersilie abrunden.
• Zu pochiertem Huhn servieren oder als Sauce für Weinberg-schnecken verwenden (siehe S. 30).

Sauce suprême Eine *sauce allemande* mit 2 bis 3 EL Crème double und einem Spritzer Zitronensaft abrunden.
• Als Sauce für pochiertes oder im Ofen gebratenes Bauernhofgeflügel verwenden – Huhn, Perlhuhn oder Ente.

Sauce aux câpres Zu einer Hühner- oder Fisch-*Velouté* 1 EL gut abgetropfte eingelegte Kapern zufügen.
• Als Sauce für gekochtes Rindfleisch aus dem *pot-au-feu* (siehe S. 200) verwenden oder zu pochiertem Fisch servieren, beispielsweise zu Steinbutt, Kabeljau oder Lachs.

Sauce Nantua Eine Fisch-*Velouté* zubereiten und um die Hälfte einkochen lassen. Zu gleichen Teilen saure Sahne und einen Fond aus Schalentierabfällen – Köpfe und Panzer von Krebsen, Garnelen, Hummer und/oder Shrimps – zufügen. Aufkochen lassen, Hitze reduzieren und 30 bis 40 Minuten sanft köcheln lassen, bis die Sauce um ein Drittel eingekocht ist. Mit etwas Cayennepfeffer würzen und einige Stückchen gekühlte Butter mit dem Schneebesen unterrühren.
• Zu pochierten Seezungenfilets oder als Sauce für Hummer, Garnelen oder Jakobsmuscheln servieren.

beurre blanc

BUTTERSAUCE

Eine einfache Emulsion aus zerlassener Butter und Weinessig, simpel und delikat. Bereiten Sie stets mehr zu, als Sie brauchen – niemand kann davon genug bekommen.

Für 4 Personen

2 Schalotten oder 1 kleine Zwiebel, fein gehackt
6 EL Weißweinessig
250 g Butter, gekühlt und in kleine Stücke geschnitten

1 Schalotten oder Zwiebel in einem kleinen Topf im Essig garen. Wenn der Essig auf etwa 4 EL eingekocht ist, durch ein Sieb abgießen und Schalotten oder Zwiebel wegwerfen.

2 Essig wieder in den Topf geben. Butter nach und nach in kleinen Stücken mit dem Schneebesen unterrühren, der Topf steht dabei auf sehr schwacher Hitze oder neben der Platte, so dass die Butter zu einer dicken Sauce zerläuft. Sauce nicht kochen lassen. Falls sich die Mischung trotz aller Bemühungen doch trennt, Sauce abkühlen lassen. Aus dem Topf gießen und mit 1 EL kochendem Wasser von vorn beginnen; die getrennte Sauce nach und nach mit dem Schneebesen einrühren.

sauce hollandaise

HOLLÄNDISCHE SAUCE

Diese Sauce aus heißer Butter und Eigelb wird fast auf dieselbe Weise hergestellt wie die sauce béarnaise (siehe S. 250), das Aroma stammt jedoch vom Zitronensaft. Die delikate Sauce passt gut zu weißfleischigem Fisch wie Seezunge, Steinbutt, Scholle, Kabeljau, Schellfisch oder Jakobsmuscheln, der in den kalten Gewässern des Nordatlantiks gefangen wird. Sie schmeckt auch gut zu pochierten Eiern und ist der ideale Begleiter für Frühlingsgemüse, besonders neue Kartoffeln, Blumenkohl und Spargel. Die hier vorgestellte Methode ist ein wenig ungewöhnlich, aber sie funktioniert.

Ergibt etwa 600 ml

500 g Butter
5 Eigelbe
2 EL Zitronensaft
Salz

1 Zunächst die Butter klären: In einem kleinen Topf sanft zerlassen. Sanft weiter erhitzen, bis sich Fett und Molke trennen und das Wasser zu Boden sinkt. Nun kann die flüssige Butter von der Oberfläche abgegossen werden, während die Molke im Topf zurückbleibt. Oder die Mischung abkühlen lassen, die feste Schicht abheben und die Flüssigkeit am Boden weggießen.

2 4 EL kochendes Wasser und die geklärte Butter in einen eher kleinen Topf aus Email oder Kupfer mit Zinnauskleidung geben (nicht aus Aluminium, das mit der Zitronensäure reagiert und die Sauce grün färbt). Topf in einen zweiten, zur Hälfte mit kaltem Wasser gefüllten Topf stellen.

3 Töpfe auf mittlere Hitze stellen. Eigelbe mit 2 EL kaltem Wasser verrühren und mit dem Schneebesen unter die Butter ziehen. Mit einem Holzlöffel rühren, bis die Mischung die Konsistenz dünner Vanillesauce hat. Wenn das Wasser im äußeren Topf kocht, ist die Sauce dick genug.

4 Vom Herd nehmen und langsam den Zitronensaft zufügen – wenn er zu schnell eingerührt wird, trennt sich die Sauce und muss im Mixer erneut emulgiert werden. Mit Salz abschmecken.

sauce béarnaise

BÉARNER SAUCE

Butter, Eigelb und eine kräftige Reduktion aus Weinessig, Schalotten und Estragon – fertig ist die Sauce. Sie
stammt aus Béarn, der Geburtsstadt Henris IV., jenes königlichen Gourmets, der für sein Vorhaben, ein Huhn in den
Kochtopf eines jedes Franzosen zu bringen, hoch verehrt wurde.
Die Küche von Béarn ist üppig und luxuriös; im Alltag wird
mit reichlich Gänseschmalz gekocht und die Butter für besondere Gelegenheiten aufgehoben. Zu gegrilltem Fleisch (Steaks,
Lammkoteletts, Kalbsschnitzel, Schweineschnitzel) oder
gegrilltem Fisch (Schwertfisch, Thunfisch, Makrele – nichts
zu Zartes) servieren.

Ergibt etwa 300 ml

5 EL Weinessig
1 Schalotte, fein gehackt
2–3 Estragon- und Kerbelzweige
4 große Eigelbe
250 g Butter, gekühlt und in Würfel geschnitten
1 EL gehackter Estragon (nach Belieben)
Salz und frisch gemahlener weißer Pfeffer

1 Essig, Schalotte, Estragon und Kerbel in einen kleinen Emailtopf geben und kräftig kochen lassen, bis der Inhalt um die Hälfte eingekocht ist. Topf vom Herd nehmen, Flüssigkeit durch ein Sieb abgießen und etwas abkühlen lassen.

2 Inzwischen die Eigelbe in einer Schüssel mit 2 EL kaltem Wasser verrühren. Essigreduktion mit dem Schneebesen unterrühren und im Wasserbad mit dem Schneebesen schlagen, bis die Mischung die Konsistenz von Vanillesauce hat.

3 Kalte Butter stückchenweise zufügen, dabei die ganze Zeit weiterrühren, bis die Sauce eindickt. Wenn die Mischung zu gerinnen droht, Topf vom Herd nehmen und den Boden in kaltes Wasser stellen, dann etwas kaltes Wasser unterrühren. Gehackte Kräuter unterrühren (falls verwendet), mit Salz und Pfeffer abschmecken.

4 Um die Sauce bis zum Servieren warm zu halten, Topf wieder über das Wasserbad stellen. Wenn die kalte Sauce gerinnt, mit dem Schneebesen 1 EL heißes Wasser unterrühren.

SAUCEN AUF *BÉARNAISE*-GRUNDLAGE

Sauce valois Grundrezept *sauce béarnaise* mit etwas Bouillonextrakt – einer stark reduzierten *consommé* (siehe S. 74) – mischen. Zu Reh oder Wildschwein reichen.

Sauce choron Grundrezept *sauce béarnaise* mit 1 EL erwärmtem Tomatenmark mischen und mit etwas Zitronensaft würzen. Als Sauce für gegrillten Fisch, pochierte oder weich gekochte Eier, gegrillte *tournedos* (Rinderfilet) oder gebratene Lammnüsschen verwenden.

beurre maître d'hôtel

PETERSILIENBUTTER

Einen kleinen Vorrat dieser, wörtlich, »Oberkellner-Butter« sollte man stets im Kühlschrank haben. Sie schmilzt bei der Berührung mit heißem Essen augenblicklich und gibt deshalb eine vorzügliche Instantsauce für gegrillten Fisch, Steaks, Koteletts, Lammkoteletts oder gedämpftes Gemüse ab. Französische Butter ist von Natur aus eher blass als golden – aufgrund der jeweiligen Rinderrasse, der Weiden, auf denen die Herden grasen, und weil man auf Farbstoffe verzichtet. Auch das Aroma ist unverkennbar, da man die Sahne, das Rohmaterial der Butter, etwas reifen lässt, was dem fertigen Produkt einen charakteristischen, leicht säuerlichen Geschmack verleiht. Butter aus der Normandie, vor allem jene aus der Stadt Isigny, ist am teuersten, nicht zuletzt weil sie besonders cremig und glatt zerläuft.

Für 12 Personen (als Sauce für 12 Portionen)

250 g weiche französische Butter
Saft von 1 Zitrone
2 EL fein gehackte glatte Petersilie
½ TL Salz

1 Butter leicht und cremig aufschlagen. Zitronensaft nach und nach unterrühren. Petersilie unterrühren und mit etwas Salz würzen. Dafür kann man auch eine Küchenmaschine verwenden.

2 Weiche Butter zwischen zwei Lagen Klarsichtfolie legen und bleistiftdick ausdrücken. 1 Stunde im Kühlschrank abkühlen und hart werden lassen, dann entweder mit dem Messer in ein Dutzend kleine Quadrate schneiden oder mit einem gezackten Teigausstecher ebenso viele kleine Scheiben ausstechen.

3 Die Butter ist im Kühlschrank eine Woche und im Tiefkühlfach ein bis zwei Monate haltbar. In der warmen Küche tauen die Portionen in 10 Minuten ausreichend auf. Kurz vor dem Servieren auf die entsprechende Speise legen – die Butter beginnt sofort zu schmelzen.

WEITERE BUTTERZUBEREITUNGEN

Beurre à l'ail (Knoblauchbutter) Vier frische Knoblauchzehen mit 1 TL Salz zerstampfen und gründlich mit 250 Gramm weicher Butter mischen – ideal für Knoblauchbrot. Eine mildere Knoblauchbutter (bevorzugt in Nordfrankreich und als Beilage zu kalten *hors d'œuvres*) lässt sich herstellen, wenn die Knoblauchzehen zuerst in 10 Minuten in siedendem Salzwasser blanchiert werden.

Beurre d'anchois (Anchovisbutter) Würzige Alternative zur Petersilienbutter – einfach auf gegrilltes Fleisch oder gegarten Fisch legen und schmelzen lassen. Die Zubereitung erscheint auch auf dem *Hors-d'œuvre*-Tisch – passt zum Beispiel gut zu einem Bund rosiger Radieschen auf einem Bett aus zerstoßenem Eis. Für die Zubereitung sechs bis acht Anchovisfilets (aus der Dose, das Öl abgetropft) mit 250 Gramm weicher Butter zerstampfen.

Beurre de crevettes (Garnelenbutter) Zunächst aus den Resten geschälter Garnelen (Panzer, Köpfe) und aromatisierenden Kräutern (Petersilienstängel, Lorbeerblatt, Lauchgrün und Pfefferkörner) eine kräftige Reduktion herstellen. Mit 2 EL dieser Reduktion 250 Gramm weiche Butter aromatisieren. Das Garnelenfleisch kann untergemischt werden, wenn die Butter als Teil eines Meeresfrüchte-*hors-d'œuvre* oder mit kaltem pochiertem Lachs oder Steinbutt serviert wird. Auf dieselbe Weise stellt man *beurre de crabe* oder *d'homard* (Krebs- oder Hummerbutter) her. Butterzubereitungen mit Schalentieren werden auch verwendet, um Meeresfrüchtesaucen anzureichern, leicht anzudicken und ihnen Glanz zu verleihen: Gekühlte Butter in kleine Stücke schneiden und Stück für Stück mit dem Schneebesen in die kochende Brühe rühren. Auf wundersame Weise bilden die heiße Brühe und die kalte Butter eine Emulsion. Sofort servieren – sie hält nicht lange.

coulis de tomate

FRISCHE TOMATENSAUCE

Ein coulis *ist eine Art flüssiges Püree, eine Zubereitung aus rohem Gemüse oder Obst, die pur als Sauce verwendet wird oder andere Saucen verfeinern kann.*

Für 4 Personen

1 kg sonnengereifte Tomaten
Saft von 1 Zitrone
Zucker nach Geschmack
Salz und frisch gemahlener Pfeffer

1 Tomaten kreuzweise einritzen, in eine Schüssel legen und mit kochendem Wasser übergießen. Tomaten häuten und quer halbieren. Weiche Masse und Kerne herauslöffeln und durch ein Sieb drücken. Den Saft auffangen, feste Bestandteile wegwerfen.

2 Tomatenfleisch und -saft mit dem Zitronensaft im Mixer zu einem glatten Püree verarbeiten. Mit einer Prise Zucker, etwas Salz und frisch gemahlenem Pfeffer würzen. Zu gegrilltem Fisch servieren oder als Dressing für Garnelen oder Fisch unter eine Mayonnaise rühren.

vinaigrette

ÖL-ESSIG-DRESSING

*D*iese vinaigrette *wird zum Anmachen einer* salade verte, *eines grünen Salats, verwendet, der nach einem Hauptgang serviert wird. Werden weitere Zutaten außer Salatblättern verwendet, wird aus dem grünen Salat eine* salade composée, *ein gemischter Salat, der klassischerweise zu den* hors d'œuvres *zählt. Manche wischen damit jedoch auch gern den letzten Bratensaft auf, andere essen ihn lieber zum Käse oder als Neutralisierung vor dem Dessert.*

Ergibt Dressing für einen Salat für 4 Personen

1 EL Weinessig
½ TL Salz
3 EL Olivenöl

1 Zuerst Essig und Salz so lange mit der Gabel verrühren, bis sich das Salz aufgelöst hat, dann erst das Öl zufügen. In Öl lösen sich Salzkristalle nicht auf.

2 Öl zufügen, gründlich mischen und die gut abgespülten und trocken getupften Salatblätter direkt vor dem Servieren darin wenden. Mit etwas frisch gemahlenem Pfeffer abrunden.

VARIANTE Um aus der *vinaigrette* eine *sauce rémoulade* zu machen, mit 1 EL mildem Senf – Dijon oder Pommery – beginnen und Essig und Öl unterrühren. Dies ist das klassische Dressing für Selleriesalat, schmeckt aber auch ausgezeichnet zu grünem Salat, Roten Beten oder Kartoffelsalat.

FRANZÖSISCHE SALATE In französischen Geschäften ist das ganze Jahr über eine erstaunliche Vielfalt an essbaren Blättern erhältlich. Alle werden jung und zart als Salat verspeist und können später im Jahr als gegartes Gemüse erneut auftauchen. Wenn sie für einen Salat bestimmt sind, wird nach Konsistenz und Geschmack (bitter oder mild, knackig oder weich, süß oder scharf) ausgewählt. Außerdem bestimmen die Gerichte, vor oder nach denen er serviert wird, die Zusammenstellung des Salats.

Ist der Hauptgang beispielsweise ein kräftiges Fleischgericht, passt ein Hauch von Bitterkeit dazu – Frisée, Chicorée oder Löwenzahn *(pis-en-lit* – harntreibend, wie der Name schon sagt). Wenn der Hauptgang Fisch ist, sollten die gewählten Blätter ebenso zart sein: Infrage kommt Feldsalat *(mâche)* oder junger Spinat. Wenn das Hauptgericht schwer und sahnig ist – Butter-Brathuhn, ein sahniges Fischgericht, eine Quiche oder ein *gratin dauphinois* –, wird die Wahl auf Blätter mit Senfaroma fallen wie Rucola, Brunnenkresse oder den erfrischend scharfen Sauerampfer.

Desserts

sirop

ZUCKERSIRUP

M it diesem einfachen Zuckersirup, der in der Speisekammer lagerbar ist, lässt sich alles süßen, ohne dass sich erst die Zuckerkristalle auflösen müssen, beispielsweise Obstsalate, Obst-coulis und Beerenessig. Als Einweichsirup für babas mit Rum aromatisieren (siehe S. 318).

Ergibt etwa 450 ml

500 ml Wasser
500 g extrafeiner Zucker

1 Wasser in einen kleinen Topf gießen. Zucker zufügen und bei schwacher Hitze auflösen.

2 Zum Kochen bringen und 10 Minuten köcheln lassen, bis die Flüssigkeit um ein Drittel eingekocht ist. Vom Herd nehmen und abkühlen lassen. In sterilisierte Schraubgläser füllen und zum Lagern luftdicht verschließen – muss nicht im Kühlschrank aufbewahrt werden.

praline

KARAMELLISIERTE MANDELN

P raline *ist eine eigenständige, aromatisierende Zutat, die
ähnlich wie Schokolade, Vanille oder Kaffee verwendet
und bequem im Vorratsschrank gelagert wird.*

Ergibt 250 g

250 g blanchierte Mandeln
250 g extrafeiner Zucker

1 Backblech mit Backpapier auslegen. Mandeln in einer Pfanne
ohne Öl leicht anbräunen, dabei stetig umrühren, damit nichts
anbrennt – sobald sie die Farbe ändern, herausnehmen.

2 Zucker mit 1 EL Wasser in einem Kupfertopf schmelzen,
dabei rühren, bis sich die Kristalle vollständig aufgelöst haben.
Aufwallen lassen und 4 bis 5 Minuten kochen, bis der Sirup
hellbraun wird.

3 Mandeln zufügen, 1 Minute umrühren und vom Herd
nehmen. Auf das Backblech schütten und abkühlen lassen.

4 *Praline* in einem Mörser zerstampfen und bis zum Gebrauch
in einem verschlossenen Glas lagern.

coulis de framboise

HIMBEER-*COULIS*

Dieses einfache, mit Zuckersirup gesüßte Fruchtpüree ist eine der Grundsaucen auf der französischen Desserttafel. Sie kann sowohl als Grundlage für cremige Desserts als auch als Sauce für alles verwendet werden, das von ihrem herben, intensiven Geschmack profitiert. Für ein coulis eignen sich auch Blaubeeren, Schwarze Johannisbeeren und Erdbeeren (bei diesen etwas mehr Zitronensaft verwenden, um das Aroma zu betonen).

Ergibt 600 ml

500 g frische Himbeeren
250 g extrafeiner Zucker
1 EL Zitronensaft

1 Himbeeren verlesen, Stiele und schimmlige Beeren aussortieren. In eine Küchenmaschine oder einen Mixer füllen. Zucker und Zitronensaft zufügen und zu einem glatten Püree verarbeiten. Durch ein Sieb passieren, um die Kerne zu entfernen.

SERVIERTIPPS Es gibt verschiedene Einsatzmöglichkeiten für ein *coulis de framboise:*

• Als Sauce für cremige Desserts – Eiscreme, *bavarois*, Gebäck mit Cremefüllung.

• Als Aroma für das Dessert selbst. Um ein heißes Soufflé zu aromatisieren, ein Eigelb unterheben und fortfahren wie beim *soufflé au Grand Marnier* (siehe S. 280). Für eine *mousse* etwas eingeweichte Gelatine im *coulis* auflösen und Schlagsahne und steif geschlagenes Eiweiß unterheben. Für Eiscreme Himbeer-*coulis* in dieselbe Menge mit Schlagsahne aufgelockerte *crème anglaise* (siehe S. 266) rühren, im Gefrierschrank beinahe fest werden lassen, mit einem Eiweiß zu Schaum schlagen und erneut fest gefrieren lassen.

INFO Gefrorene Speisen müssen kräftiger aromatisiert sein als Speisen, die bei Raumtemperatur verzehrt werden. Süßen Sie das Püree stärker, als Sie für nötig halten, und säuern Sie es mit einem Spritzer Zitronensaft an.

crème pâtissière

VANILLECREME

Eine üppige Eier-Vanille-Creme, angedickt mit Stärke, um sie glatt zu machen – in älteren Rezepten wird Weizenmehl verwendet.

Ergibt etwa 750 ml

600 ml Vollmilch
1 kleines Stück Vanilleschote
3 Eigelbe
75 g extrafeiner Zucker
50 g Speisestärke
25 g Butter

1 Milch mit Vanilleschote in einem schweren Topf zum Kochen bringen. Vom Herd nehmen, Vanilleschote herausnehmen und die Samen in die Milch kratzen. Dann die Schote wegwerfen.

2 In einer großen Schüssel die Eigelbe schaumig schlagen. Zucker esslöffelweise mit dem Schneebesen unterziehen und weiterschlagen, bis die Mischung weiß und leicht ist. Stärke hineinstreuen und unterrühren.

3 Heiße Milch nach und nach zufügen, dabei mit dem Schnee-besen rühren, bis alles vermischt ist. Creme wieder in den Topf gießen, unter ständigem Rühren mit dem Schneebesen zum Kochen bringen und 1 Minute kochen lassen, bis sie glatt und dick ist. Creme wieder in die Schüssel gießen, Butterflocken da-rauf verteilen, damit sich keine Haut bildet, und abkühlen lassen.

4 Zum Füllen von Gebäck wie Windbeutel, *eclairs* oder Pfann-kuchen verwenden oder auf einem Tortenboden verteilen und mit frischem Obst belegen.

ZUBEREITUNGEN AUF DER GRUNDLAGE VON
CRÈME PÂTISSIÈRE

Crème au beurre (Buttercreme) Dabei handelt es sich um eine Vanillecreme, die fest genug ist, um ohne Unterstützung eine Schicht zu bilden – nützlich zum Füllen von Biskuitkuchen oder für eine *mille-feuille*. 250 Gramm weiche Butter in kleine Stücke schneiden und nach und nach mit dem Schneebesen in die heiße *crème pâtissière* schlagen. Beim Abkühlen dickt die Vanillecreme ein, und die Butter wird fest.

Crème au chocolat (Schokoladencreme) 125 Gramm dunkle Schokolade in der Milch auflösen, während sie mit der Vanille zum Kochen gebracht wird, weiter wie oben.

Crème au café (Kaffeecreme) Einige Löffel sehr starken, sehr schwarzen Kaffee in die Milch rühren.

Crème pralinée (Pralinecreme) 3 bis 4 EL gut zerstampfte *praline* (siehe S. 261) unterrühren, wenn die Creme abgekühlt ist.

Crème anglaise (Vanillesauce) Rezept mit derselben Menge Kaffeesahne verdünnen – plus etwas Milch, wenn Sie es noch flüssiger mögen.

Ile flottante (Schwimmende Insel) *Crème anglaise* (siehe oben) mit 6 Eigelben anrühren, 4 Eiweiße aufheben. Diese mit 4 EL extrafeinem Zucker zu einer Meringe aufschlagen und mithilfe von zwei Esslöffeln ovale Meringen formen. Meringen einige Minuten vorsichtig in siedendem Wasser pochieren, bis sie fest sind. Diese weichen Meringen, die »Inseln«, auf die Vanillecreme setzen.

sabayon

WEINSCHAUMCREME

Eine Sauce, die bei Desserts auf Teigbasis wie Obstkuchen und feuilletés *die* crème anglaise *ersetzt.*

Ergibt etwa 1,5 Liter

6 frische Eier aus Freilandhaltung
6 EL extrafeiner Zucker
175 ml Weißwein

1 Eier in eine Schüssel schlagen, die auf einen Topf passt. Mit dem Schneebesen schaumig schlagen. Zucker nach und nach zufügen und weiterschlagen, bis die Mischung weiß und leicht ist – 5 Minuten mit einem elektrischen Handrührgerät. Wein mit dem Schneebesen unterschlagen.

2 Schüssel über einen Topf mit kochendem Wasser stellen – der Boden sollte das Wasser nicht berühren, und dieses sollte sieden, nicht kochen. Mischung steif schlagen, bis die Schneebesenspur sichtbar bleibt.

3 Vom Herd nehmen und den Schüsselboden in kaltes Wasser stellen, um den Garprozess zu stoppen. Als Sauce für Desserts oder als Basis für eine mit Obstlikör – Cointreau, Grand Marnier, Crème de Cassis – aromatisierte Eiscreme verwenden.

glace à la vanille

VANILLEEIS

Nichts ist einfacher und zugleich köstlicher als echtes
Vanilleeis. Es passt ideal zu Meringen, eignet sich als
Füllung in Windbeuteln, schmeckt zu frischen Beeren oder zu
einer krossen langue de chat. Wer es leichter mag, lässt die
Crème double weg. Für eine glace au chocolat (Schokoladen-
eiscreme) 125 Gramm dunkle Schokolade in der Milch schmelzen lassen, bevor sie vom Herd genommen wird. Für eine glace
au café (Kaffee-Eiscreme) die Milch mit etwas gelöstem Instant-
kaffee aromatisieren oder eine winzige Tasse starken Kaffee
untermischen. Eine glace pralinée (Praline-Eiscreme) erhalten
Sie, wenn Sie nach der Crème double 2 EL praline (siehe
S. 261) unterheben. Für eine glace aux fruits (Fruchteiscreme)
die Crème double durch 300 ml frisches Obstpüree ersetzen –
Erdbeere, Himbeere, Blaubeere, Pfirsich, Aprikose oder
Banane – oder die fertige Mischung mit derselben Menge
fertigem Obst-coulis (siehe S. 262) vermengen.

Ergibt etwa 1 Liter

300 ml Vollmilch
½ Vanilleschote
4 Eigelbe
4 EL extrafeiner Zucker
300 ml Crème double

1 Milch mit der Vanilleschote in einem großen Topf zum Kochen bringen. Vom Herd nehmen, abdecken und 30 Minuten ziehen lassen. Die kleinen, klebrigen Samen aus der Schote kratzen und in die Milch geben. Schote wegwerfen.

2 Inzwischen Eigelbe und Zucker in einer Schüssel zu einer leichten, hellen Mischung aufschlagen. Aromatisierte Milch mit dem Schneebesen unterrühren. Schüssel über einen Topf mit siedendem Wasser stellen und das Wasser leicht sprudelnd kochen lassen. Vanillecreme stetig rühren, bis sie dick genug ist, um am Rücken eines Holzlöffels hängen zu bleiben. Vom Herd nehmen, in eine Schüssel füllen und abkühlen lassen.

3 Crème double leicht aufschlagen und unter die Vanille-creme heben. In einen Gefrierbehälter umfüllen. Wenn die Eiscreme halb gefroren ist, aus dem Gefrierschrank nehmen und die Mischung gründlich durchrühren, um die Eiskristalle zu brechen. Erneut im Gefrierschrank fest werden lassen.

4 Eiscreme 30 Minuten vor dem Servieren aus dem Gefrier-schrank nehmen und in den Kühlschrank stellen, damit sie etwas weich wird.

sorbet aux fraises

ERDBEERSORBET

D as Vorbild des Sorbets, dessen Name aus dem Arabischen
stammt, ist das gekühlte, mit Sirup aromatisierte Wasser,
das in arabischen Ländern hoch geschätzt wird. In seiner
einfachsten Form ist ein Sorbet nichts weiter als gefrorenes
aromatisiertes Wasser, aufgeschlagen, um das Volumen zu ver-
größern und ihm eine leichtere Konsistenz zu verleihen. Gibt
man entweder Eiweiß oder einen Schuss destillierten Alkohol –
Obstbrand, Calvados, Grappa – hinzu, wird die Konsistenz
weicher, weil diese Substanzen nicht durchfrieren. Für ein
sorbet au cassis (*Schwarze-Johannisbeere-Sorbet*) 500 Gramm
Schwarze Johannisbeeren in 300 ml Zuckersirup (siehe S. 260)
4 bis 5 Minuten pochieren, bis die Früchte zusammenfallen.
Abkühlen lassen, durch ein Sieb passieren oder in einem
Mixer verflüssigen. Für ein sorbet aux framboises (*Himbeer-
sorbet*) 500 Gramm Himbeeren und 1 EL Zitronensaft in
450 ml kochenden Zuckersirup rühren. Abkühlen lassen und
durch ein Sieb drücken oder in einem Mixer verflüssigen. Für
ein sorbet au citron (*Zitronensorbet*) 150 ml Zitronensaft mit
600 ml Zuckersirup mischen und abschmecken: mehr Zucker
zufügen, falls die Mischung zu mild schmeckt, oder Wasser,
falls sie zu sauer schmeckt.

Ergibt etwa 1 Liter

500 g reife Erdbeeren, entstielt
Saft von 1 Zitrone
300 ml Zuckersirup (siehe S. 260)
1 Eiweiß

1 Beeren verlesen, grob zerkleinern, dann mit Zitronensaft und Zuckersirup mischen. Durch ein Sieb drücken oder alles in einen Mixer geben und zu Püree verarbeiten.

2 Püree in einer Eismaschine einfrieren oder in den Gefrierschrank stellen, bis es gerade kristallisiert ist. Gründlich durchrühren, um die Eiskristalle zu zerstören. Erneut mit Zucker abschmecken, falls der Geschmack nicht kräftig genug ist.

3 Eiweiß steif schlagen, mit dem Schneebesen unter das Sorbet schlagen und gründlich durchrühren. Im Gefrierschrank fest werden lassen.

petits pots à la crème

PUDDINGTÖPFCHEN

Dieses einfache Dessert schmeckt köstlich mit den kleinen fraises de bois *(Walderdbeeren)*, die im Vorfrühling auf den Markt kommen – je kleiner die Beere, desto intensiver der Geschmack. Himmlisch sind auch Pfirsichscheiben oder Orangenspalten, angemacht mit einem Schuss Cointreau. Für crèmes caramel *(Karamellpuddings)* etwas karamellisierten Zucker in jedes Förmchen geben und dann die Vanillecreme einfüllen. Für den Karamell 3 EL extrafeinen Zucker mit etwas Wasser erhitzen, bis die Zuckerkristalle schmelzen. Kochen lassen, bis der Zucker braun wird. Etwas Karamell mit einer Drehbewegung auf den Boden jedes Förmchens geben. Der Karamell verteilt sich von selbst als klebrige braune Sauce.

Für 6 Personen

2 Eier und 4 Eigelbe
600 ml Kaffeesahne
3 EL extrafeiner Zucker
herausgekratzte Samen aus einem Stückchen Vanilleschote

1 Ofen auf 160 °C vorheizen. Sechs kleine Soufflé-Förmchen auf
ein tiefes Backblech setzen.

2 Ganze Eier und Eigelbe mit dem Schneebesen mit Kaffeesahne und Zucker verrühren – oder alles in der Küchenmaschine mischen. Während des Rührens die winzigen Samen
aus der Vanilleschote zufügen.

3 Eiercreme auf die Förmchen verteilen – jedes sollte etwa halb
voll sein. Kochendes Wasser bis zur Hälfte der Förmchenhöhe
in das Backblech gießen, Blech mit Alufolie abdecken (glänzende
Seite nach unten).

4 45 bis 50 Minuten backen (das Wasser sollte nicht kochen), bis
die Creme an den Seiten fest, in der Mitte aber noch weich ist.

5 Förmchen aus dem Wasser nehmen und abkühlen lassen.
1 bis 2 Stunden in den Kühlschrank stellen – falls erforderlich, auch länger.

petits pots au chocolat

SCHOKOLADENTÖPFCHEN

E ines der wenigen Desserts, das die französische Hausfrau
zu Hause zubereitet – und zugleich das einfachste und
köstlichste aller Schokoladendesserts. Weder mousse noch Pudding, sondern etwas dazwischen – das Geheimnis des Erfolgs
liegt in der Qualität der Schokolade und in der Frische der
Eier (Eiweiße für Meringen aufheben, siehe S. 290). Ideal zu
Mandel-tuiles oder anderen knusprigen kleinen Keksen. Es gelten die üblichen Warnhinweise für rohe Eier.

Für 4–6 Personen

150 g hochwertige dunkle Schokolade
(mindestens 70 % Kakaomasse)
4 EL Orangensaft, bis kurz vor dem Siedepunkt erhitzt
4 Eier, getrennt
1 TL fein abgeriebene Schale von 1 unbehandelten Orange
etwa 1 EL extrafeiner Zucker

1 Schokolade in kleine Stücke brechen und in eine Schüssel über siedendem Wasser geben. Orangensaft zufügen und rühren, bis die Schokolade geschmolzen und glatt ist.

2 Schüssel vom Herd nehmen und Eigelbe einzeln unterrühren – sie garen in der Resthitze und dicken etwas ein. Auf Körpertemperatur abkühlen lassen.

3 Eiweiße sehr steif schlagen. Eischnee mit der Orangenschale unter die Schokolade heben und probieren, ob die Mischung süß genug ist; falls nicht, etwas Zucker unterziehen.

4 In einzelne Soufflé-Förmchen oder, falls vorhanden, in spezielle Schokoladentöpfchen füllen. Einige Stunden im Kühlschrank fest werden lassen.

SCHOKOLADE SCHMELZEN Bei zu großer Hitze ändert sich die Konsistenz der Schokolade und sie wird körnig – der *chocolatier* nennt das »stocken«, eine exakte Beschreibung des Geschehens. Um die Schokolade wieder zu verflüssigen, etwas warme geklärte Butter oder Öl unterrühren und weiterrühren, bis die Masse wieder glatt ist.

VARIANTEN der einfachen Schokoladenmischung:
• Für *petits pots au café* den Orangensaft durch dieselbe Menge starken schwarzen Kaffee ersetzen.
• Für *petits pots à la cannelle* die Schokolade wie oben mit Kaffee schmelzen und eine Prise gemahlenen Zimt einrühren.

crème brulée

GEBRANNTE SAHNE

Als noch jeder ländliche Haushalt im Milchland eine Kuh hielt, war die Milch aus den ersten Melkgängen im Frühling nach der Geburt des Kälbchens so dick und reichhaltig wie Butter. Wenn man sie in eine flache Schüssel schöpfte, wurde diese außergewöhnlich sahnige Milch fest genug, um sie ohne vorheriges Andicken mit Eigelb mit einer Karamellkruste zu überziehen. Daher der Name – gebrannte Sahne. Bevor es die bequemen Ofengrills gab, wurde die Zuckerschicht mit einem Salamander geschmolzen – einem rot glühenden Eisen, das man auf dem Herd erhitzte.

Für 4 Personen

300 ml Crème double
1 kleines Stück Vanilleschote
1 EL Zucker
3 Eigelbe
4 EL brauner Zucker

1 Ofen auf 170 °C vorheizen. Crème double mit der Vanilleschote auf Körpertemperatur erwärmen. Zucker einrühren,
bis er sich auflöst. Eigelbe mit dem Schneebesen unterrühren.
Schaum abschöpfen, Vanilleschote herausnehmen und die
Vanillecreme in 4 Soufflé-Förmchen füllen. Auf ein tiefes Backblech setzen und kochendes Wasser bis zur halben Förmchenhöhe in das Blech gießen.

2 30 bis 40 Minuten backen, bis die Creme fest, aber nicht hart
ist – sie sollte auf Fingerdruck etwas nachgeben, aber nicht
mehr überall schwabbeln. Während des Garens überprüfen, ob
sie nicht gerinnt. Creme 8 Stunden im Kühlschrank abkühlen
lassen – dort wird sie noch etwas fester.

3 Kurz vor dem Servieren den Ofengrill vorheizen. Oberfläche
der Cremes mit einer dünnen, gleichmäßigen Schicht aus
braunem Zucker bestreuen. Hand in kaltes Wasser tauchen und
einige Tropfen auf den Zucker träufeln – nur so viel, dass er
leicht angefeuchtet ist. Förmchen unter den sehr heißen Grill
stellen, um den Zucker zu karamellisieren. Wenn Sie eine
Lötlampe im Werkzeugkasten haben, benutzen Sie diese dafür.
Eine klassische Köstlichkeit.

bavarois aux framboises

HIMBEERMOUSSE

Inmitten seiner trübsinnigen Betrachtungen über das moderne Leben lässt der Philosoph und Romanschriftsteller Michel Houellebecq den Helden von Elementarteilchen *Trost in süßen Dingen finden:* »Er bestellte eine Himbeer-bavarois und zwei Gläser Kirschwasser. Es war an der Zeit, zu den einfachen Freuden zurückzukehren.« Voilà.

Für 6–8 Personen

25 g Blattgelatine oder 2 Päckchen Pulvergelatine
375 g extrafeiner Zucker
Saft von 1 Zitrone
600 ml frische oder tiefgefrorene Himbeeren
süßes Mandelöl oder anderes geschmacksneutrales Öl zum
Bestreichen der Form
600 ml Crème double

1 Blatt- oder Pulvergelatine müssen zunächst in kaltem Wasser eingeweicht werden. Bei Verwendung von Blattgelatine diese mit kaltem Wasser bedecken und etwa 5 Minuten einweichen, dann ausdrücken. Pulvergelatine auf 4 EL kaltes Wasser streuen und 5 Minuten ohne Rühren stehen lassen, bis sie anzieht. Die Gelatine ist nun einsatzbereit und kann in heiße Flüssigkeit

eingerührt werden, ohne zu klumpen. Um Gelatine zu einer kalten Flüssigkeit zu geben, die eingeweichte Gelatine zuerst sanft ohne Rühren in einer Schüssel über heißem Wasser schmelzen.

2 250 Gramm Zucker unter Rühren in 150 ml kochendem Wasser auflösen. Bis kurz vor dem Siedepunkt erwärmen, dann vom Herd nehmen. Zitronensaft und Gelatine zufügen und gut verrühren. Etwas abkühlen lassen.

3 Ein paar der schönsten Himbeeren zum Dekorieren beiseite legen, den Rest mit der Gelatinemischung verrühren. In einen Mixer füllen und pürieren, dann durch ein Sieb passieren.

4 Mischung in eine Schüssel geben und 2 bis 3 Stunden im Kühlschrank abkühlen lassen, bis sie weich geliert ist. Entweder eine einzige große Puddingform oder 12 einzelne Förmchen (kleine Trinkgläser ergeben auch eine hübsche Form) mit Mandelöl bestreichen – es geht auch mit kaltem Wasser, aber die gestürzte *bavarois* wird dann vielleicht nicht ganz perfekt.

5 Crème double mit dem restlichen Zucker aufschlagen. Mit einem Metalllöffel vorsichtig unter die weich gelierte Masse heben, bis alles gut vermischt ist. Mischung in die vorbereitete(n) Form(en) füllen und weitere 2 Stunden im Kühlschrank fest werden lassen.

6 Zum Stürzen einen Servierteller mit kaltem Wasser abspülen (so lässt sich das Dessert gegebenenfalls an die richtige Stelle schieben). Heißes Wasser von außen über die Form laufen lassen und den Teller obenauf legen. Teller und Form zusammen umdrehen und rütteln, um den Inhalt zu lösen. Form abheben und die *bavarois* mit den aufgehobenen Himbeeren garnieren.

soufflé au grand marnier

SOUFFLÉ MIT ORANGENLIKÖR

Meine Großmutter mütterlicherseits, eine Schönheit aus Baltimore und eine Freundin von Wallis Simpson (deretwegen Edward VIII. 1936 auf die britische Krone verzichtete), beschäftigte einen echten französischen Konditor, der auf dieses Dessert spezialisiert war. Ich durfte es erst mit sechzehn probieren, was ich als unfair empfand, da ich die Eier aufschlagen durfte, seit ich zehn war. Als Aroma können Sie Cointreau oder Curaçao oder jeden anderen klebrigen Likör nehmen. Passt gut zu einer langue de chat (siehe S. 324), Mandel-tuile oder anderen knusprigen kleinen Keksen.

Für 4 Personen

Butter und extrafeiner Zucker für die Soufflé-Form
6 Eier plus 3 Eiweiße
250 g extrafeiner Zucker
4 EL Grand Marnier
fein abgeriebene Schale und Saft von 1 unbehandelten Orange
½ TL Salz
Puderzucker zum Bestäuben

1 Ofen auf 200 °C vorheizen. Eine Soufflé-Form von etwa 20 cm Durchmesser gut buttern und mit Zucker bestreuen.

2 Eier trennen, Eigelbe aufheben, die Eiweiße zu den 3 anderen Eiweißen geben und beiseite stellen. Eigelbe in einer Schüssel mit dem Schneebesen verrühren, Zucker löffelweise zufügen und weiterschlagen, bis die Mischung schaumig und hell ist.

3 Grand Marnier, 2 EL Orangensaft und 1 TL Schale unterheben. Eiweiße mit dem Salz schlagen, bis sie die Form halten. Mit einem Metalllöffel vorsichtig unter die aufgeschlagenen Eigelbe heben, bis alles gut vermischt ist.

4 Mischung in die Soufflé-Form löffeln – sie sollte etwa zu zwei Dritteln gefüllt sein – und mit einem Messer zwischen Form und Teig entlangfahren, damit das Soufflé gleichmäßig aufgeht. 20 Minuten backen.

5 Ofen sehr vorsichtig öffnen und nachsehen, ob die Oberseite schön aufgegangen ist und eine Kruste hat – wenn sie noch etwas zittert, noch 5 Minuten weiterbacken (die Ofentür nicht heftig zufallen lassen). Mit Puderzucker bestäuben und sofort servieren.

TIPP Während das Soufflé bäckt, eine Orangensauce herstellen: 300 ml frisch gepressten Orangensaft und die in feine Juliennes geschnittene Schale mit 4 EL Zucker zu einem klebrigen Sirup einköcheln. Mit einem zerkleinerten Stück Butter und 1 bis 2 EL des Likörs abrunden, mit dem das Soufflé aromatisiert wurde.

crêpes sucrées

SÜSSE PFANNKUCHEN

S üße Pfannkuchen – crêpes – werden selten pur gegessen, sondern mit Marmeladen oder aromatisierten Vanillecremes gefüllt, dann gerollt oder wie ein Taschentuch zweimal gefaltet.

Für 4 Personen (etwa 12 Pfannkuchen)

125 g Mehl
1 EL Vanillezucker
2 Eier
300 ml Milch
1 EL Weinbrand oder Calvados
Butter zum Einfetten der Pfanne

1 Mehl in eine Schüssel sieben und Zucker untermischen. Eine Mulde in die Mitte drücken und Eier und so viel Milch einarbeiten, dass ein Teig mit der Konsistenz von Kaffeesahne entsteht. 1 bis 2 Stunden ruhen lassen. Dann Weinbrand oder Calvados einrühren.

2 Eine kleine Bratpfanne erhitzen. Ein kleines Stück Butter mit Drehbewegungen darin verteilen. Wenn sie schäumt, so viel Pfannkuchenteig hineingießen, dass der Pfannenboden bedeckt ist. Wenn zu viel Teig in der Pfanne landet, den Überschuss sofort wieder in die Schüssel gießen.

3 Teig auf dem Herd fest werden lassen. Wenden, wenn die Oberfläche trocken ist, um die andere Seite zu bräunen. Auf ein sauberes Tuch gleiten lassen und dieses einschlagen, um die *crêpe* warm zu halten. Der erste Pfannkuchen gelingt nie so recht. Betrachten Sie ihn als Test, ob die Pfanne heiß genug ist und wie viel Teig benötigt wird. Fortfahren, bis der Teig aufgebraucht ist.

GERICHTE AUF DER GRUNDLAGE VON *CRÊPES SUCRÉES*

Crêpes normandes Pfannkuchen mit Apfelmus füllen, das mit Calvados aromatisiert wurde, aufrollen oder zweimal falten. In einer Auflaufform anrichten, mit Zucker bestreuen und im Ofen sehr heiß werden lassen, bis die Oberseite leicht karamellisiert ist. Mit dicker, säuerlicher normannischer Sahne servieren.

Crêpes cèvenoles Pfannkuchen mit gesüßtem Maronenpüree füllen. Fertig stellen wie *crêpes normandes*.

Crêpes à la confiture Pfannkuchen mit Marmelade bestreichen und aufrollen. Fertig stellen wie *crêpes normandes*.

galettes bretonnes

BRETONISCHE PFANNKUCHEN

Die Bretonen bereiten ihre Pfannkuchen aus Buchweizen
zu, einem primitiven Getreide von grober Konsistenz
und nussigem Geschmack, das unter rauen Bedingungen
wächst. Zwar kann eine galette auch nur aus Buchweizen
hergestellt werden, aber ein Anteil Weizenmehl macht die
Mischung leichter.

Ergibt 12 Stück

250 g Weizenmehl Typ 505
250 g Buchweizenmehl
1 Prise Salz
1 gestrichener TL Backpulver
2 Eier, mit der Gabel verrührt
300 ml Milch
Gänseschmalz, Öl oder Butter zum Einfetten

ZUM SERVIEREN
12 EL Pflaumenmus
etwa 100 g Butter

1 Beide Mehlsorten mit dem Salz und dem Backpulver sieben und die restlichen Zutaten mit dem Schneebesen einrühren, bis der Teig glatt und cremig ist. 10 Minuten ruhen lassen.

2 Eine schwere Pfanne erhitzen und leicht mit einem in Gänseschmalz, Öl oder Butter getauchten Tuch einfetten. Hitze mit einem Tropfen Teig prüfen – er sollte zischen und sofort fest werden.

3 So viel Teig in die Pfanne gießen, dass der Boden bedeckt ist. Auf mittlerer Hitze backen, bis die Oberseite trocken ist. Wenden und die andere Seite fest werden lassen. Fortfahren, bis der Teig aufgebraucht ist. Fertige *galettes* in einem Tuch warm halten.

4 *Galettes* zweimal falten und mit Pflaumenmus und einem Stück Butter füllen. Oder aufrollen, in breite Streifen schneiden und mit Sahne und Honig servieren.

TIPP Für eine pikante Version um gegrillte Würstchen oder eine Scheibe Schinkenspeck wickeln oder mit einem rohen Ei **füllen und zweimal falten.**

clafoutis aux cerises

KIRSCHAUFLAUF

E in Teig, der nur aus Mehl, Eiern und Milch besteht, geht manchmal auf und manchmal nicht. Egal – köstlich ist das Ergebnis allemal. Der Auflauf lässt sich auch mit Zwetschgen, Blaubeeren, Brombeeren oder Schwarzen Johannisbeeren zubereiten, aber wenn Sie Süßkirschen verwenden, läuft der Saft schön in die goldene Kruste. Schmeckt wunderbar mit der dicken, gelben normannischen Sahne. Kirschen entstielen, aber nicht entsteinen, sonst läuft zu viel Saft aus!

Für 4 Personen

3 gehäufte EL Mehl
3 gestrichene EL extrafeiner Zucker,
plus etwas Zucker zum Bestreuen
3 Eier, leicht aufgeschlagen
450 ml Milch, erwärmt
¼ TL Vanillesamen, aus der Schote gekratzt, oder
ein Tropfen Vanillearoma
1 großes Stück Butter
250 g Süßkirschen

ZUM ABRUNDEN
Kirschwasser oder brauner Rum – Negrita verleiht das richtige
Aroma (nach Belieben)

1 Ofen auf 220 °C vorheizen. Mehl und Zucker unter die aufgeschlagenen Eier heben. Warme Milch mit der Vanille unterrühren, bis ein glatter Teig entsteht.

2 Eine flache Auflaufform vorwärmen und ein kleines Stück Butter hineingeben. Butter mit Drehbewegungen in der Form verteilen, um sie zu fetten.

3 Teig einfüllen und die Kirschen darauf verteilen. Butter-flocken obenauf legen und 25 Minuten backen, bis der Teig locker und gut aufgegangen ist.

4 Großzügig mit dem Alkohol beträufeln (falls verwendet), dick mit Zucker bestreuen und sofort servieren, ehe der Auflauf zusammenfällt.

beignets de pommes

APFELKÜCHLEIN

Äpfel, die sich zum Kochen eignen, sind gelbfleischig, süß und duftend und sollten beim Erhitzen ihre Form behalten. Normalerweise entscheidet man sich für reinettes oder Golden Delicious. Im Apfelland, wo Bier oder Cidre den Wein als alltägliche Erfrischung ersetzt, wird der Teig mit Bier aufgelockert und mit Calvados oder einem anderen klaren Obstbrand aromatisiert. Der Alkohol verdampft sofort, wenn er in die Pfanne gelangt, und hinterlässt die Oberfläche kross, luftig und mit einem zarten, blumigen Duft.

Für 4 Personen

4 gelbfleischige Äpfel
1 EL Calvados oder Kirschwasser plus ein
wenig extra (nach Belieben)
etwas Zitronensaft
1 Ei
125 ml Mehl
300 ml helles Bier
Öl zum Frittieren (traditionell wird Schmalz verwendet)
Zucker zum Bestreuen

1 Äpfel schälen und das Kerngehäuse entfernen. In etwa
1 cm dicke Ringe schneiden und beiseite legen (falls
gewünscht, können die Scheiben mit etwas Calvados oder
Kirschwasser beträufelt werden). Etwas Zitronensaft verhindert
das Braunwerden.

2 Ei in eine Schüssel schlagen und mit dem Schneebesen
verrühren. Mehl einsieben und kräftig mit dem Schneebesen
verrühren. Bier nach und nach zufügen, bis eine dicke Creme
entsteht, die auf dem Rücken eines Holzlöffels eine Schicht bildet.
Calvados oder Kirschwasser mit dem Schneebesen unterrühren.

3 Einen tiefen Topf mit Öl zum Frittieren erhitzen – nicht
knausern, es wird reichlich gebraucht. Wenn von der Oberfläche ein feiner blauer Rauch aufsteigt – das Zeichen, dass das
Öl die richtige Temperatur erreicht hat – sofort einige Apfelscheiben in den Teig tauchen und ins Öl geben. Immer drei bis
vier Scheiben gleichzeitig frittieren – nicht mehr, sonst fällt die
Temperatur ab und die *beignets* werden klitschig. 3 Minuten
Frittierzeit genügen.

4 *Beignets* herausnehmen, abtropfen lassen und auf Küchenpapier legen, um das überschüssige Öl aufzusaugen, dann mit
Zucker bestreuen. Fortfahren, bis alle *beignets* frittiert sind.

meringues chantilly

MERINGEN MIT SCHLAGSAHNE

B ei diesem einfachen Rezept brauchen Sie nichts weiter als Geduld beim Schlagen und beim Backen. Das Geheimnis liegt in der niedrigen Ofentemperatur; das Gebäck wird eher getrocknet als gebacken. Im Hochsommer lassen sich Meringen auch einfach in der prallen Sonne herstellen. Eigelbe für eine Vanillecreme (siehe S. 264) oder für Mayonnaise (siehe S. 163) aufheben.

Ergibt 12–14 Meringen

4 große Eiweiße
225 g extrafeiner Zucker

ZUM FERTIGSTELLEN
Schlagsahne

1 Backblech mit Backpapier auslegen. Ofen auf 110 °C bzw. auf niedrigster Stufe vorheizen. Tür einen Spalt offen lassen, um die Temperatur möglichst bei 75 °C zu halten. Wenn der Ofen zu heiß ist, schwitzt die Meringe einen klebrigen Rückstand aus und wird nicht fest.

2 Alle Küchengeräte müssen zu Beginn blitzsauber sein – die Schüssel, der Schneebesen, der Löffel zum Unterheben des Zuckers. Vor allem dürfen die Eiweiße keine Spur von Eigelb enthalten. Eiweiße aufschlagen, bis sie leicht und weiß sind.

3 Mit einem Metalllöffel die Hälfte des Zuckers unterheben. Weiterschlagen, bis der Eischnee fest und glänzend ist. Restlichen Zucker unterheben und weiterschlagen, bis der Eischnee seidig und ganz fest ist. Wenn Sie die Schüssel umdrehen, sollte die Mischung nicht herauslaufen.

4 Mit zwei Esslöffeln kleine Häufchen Eischneemischung auf das Backblech setzen. 3 Stunden backen, bis die Meringen ganz kross und trocken sind. Die Mitte sollte noch etwas klebrig sein. Abkühlen lassen und je zwei Meringen mit etwas Schlagsahne dazwischen aufeinandersetzen.

Gebäck

pâte feuilletée

BLÄTTERTEIG

Ergibt etwa 450 g

200 g Butter, gekühlt
250 g Mehl
½ TL Salz

1 Teig an einem sehr kühlen Ort herstellen. Die Butter sollte
fest, aber nicht hart sein. Mehl mit dem Salz in eine große
Schüssel sieben. Ein Drittel der Butter mit einem scharfen Messer
mit schneidenden Bewegungen untermischen, bis die Mischung
wie feines Paniermehl aussieht.

2 Etwa 2 EL Wasser untermischen – bis der Teig weich ist,
aber nicht an den Fingern klebt. Leicht durchkneten. Teig
und die restliche Butter 20 Minuten beiseite stellen, damit beide
dieselbe Temperatur erreichen.

3 Teig etwa 5 mm dick ausrollen. Etwa ein Drittel der Butter
in haselnussgroßen Stückchen darauf verteilen. Dann den
Teig wie eine Serviette zweimal einschlagen. Erneut zweimal
einschlagen, die Falten diesmal in die entgegengesetzte Richtung.
20 Minuten beiseite stellen.

4 Vorgang noch zweimal wiederholen: Teig ausrollen, jedes Mal
dieselbe Menge Butter zufügen und einschlagen. Nach jedem
Durchgang den Teig 20 Minuten beiseite stellen. Dann weitere

20 Minuten ruhen lassen. Anschließend ausrollen und in die gewünschte Form schneiden.

5 Blätterteig bei 225 °C 20 bis 30 Minuten backen, bis er gut aufgegangen, kross und goldbraun ist.

KÖNIGINPASTETEN Für Königinpasteten zwei runde Ausstechförmchen unterschiedlicher Größe wählen. Mit der größeren Form saubere Kreise aus dem Teig ausstechen; mit der kleineren Form in die Mitte jedes Kreises einen kleineren Kreis drücken, jedoch nicht ganz ausstechen. Nach dem Backen können die kleinen Scheiben abgehoben und nach dem Füllen des Hohlraums als Deckel wieder aufgesetzt werden. Königinpasteten können pikant mit einer vorgegarten, durch eine Cremesauce gebundenen Füllung befüllt werden.

MILLE-FEUILLE Für eine üppige Cremeschnitte den Teig ausrollen und in drei gleich große Rechtecke oder Kreise schneiden, mit Puderzucker bestreuen und wie üblich backen. Abkühlen lassen. Eine Gebäckschicht mit *crème pâtissière* bestreichen, eine weitere Gebäckschicht darauflegen und mit Erdbeermarmelade und Schlagsahne bestreichen. Dritte Schicht obenauf legen und mit einer dicken Schicht Puderzucker abrunden. Die Füllung kann natürlich nach Geschmack variiert werden.

GALETTE Für eine *galette* zwei Teigkreise ausrollen und mit einer Schicht Marzipan dazwischen zusammenklappen. Ränder anfeuchten und zusammendrücken, damit das Marzipan nicht herausläuft, die Oberseite mit der Gabel einstechen – so kann der Dampf austreten. Oberseite mit etwas Milch und Ei glätten, dann wie gewohnt backen, bis der Teig aufgegangen und knusprig ist.

pâte sucrée

SÜSSER MÜRBETEIG

Ergibt etwa 450 g

175 g Mehl
½ TL Salz
50 g Puderzucker
100 g sehr kalte Butter
2 Eigelbe

1 Mehl mit Salz und Zucker in eine Schüssel sieben. In die Mitte eine Mulde drücken und die kalte Butter mit einer Küchenreibe hineinreiben. Leicht mit einem Messer vermischen.

2 Eigelbe mit 1 EL Wasser verrühren, in die Mitte der Mehlmischung geben und alles mit den Fingerspitzen durchmischen – falls nötig, etwas mehr Wasser hineinträufeln.

3 Mit den Fingerspitzen (niemals mit den Handflächen) den Teig einige Minuten leicht durchkneten, gerade lange genug, bis sich eine weiche Kugel bildet – nicht zu lange kneten, sonst wird er fettig und zäh. Teig in Klarsichtfolie einwickeln oder mit einem sauberen Tuch abdecken und 30 Minuten an einem kühlen Ort stehen lassen.

4 Teig mit einer bemehlten Teigrolle auf einem bemehlten Brett ausrollen – mit kurzen, kräftigen Bewegungen, den Teig nicht dehnen – und in die gewünschte Form schneiden.

VARIANTE Für einfache Kekse mit einem Weinglas oder einem Ausstecher saubere Kreise ausstechen. Mehrmals mit einer Gabel einstechen, damit sich keine Blasen bilden, auf ein Backblech legen und 10 bis 12 Minuten bei 200 °C backen. Einige Minuten auf dem Backblech abkühlen und fest werden lassen, dann auf einem Kuchengitter ganz abkühlen lassen. Die Grundmenge des Teigs reicht für 24 kleine Kekse.

pâte à choux

BRANDTEIG

Ergibt etwa 750 g

125 g Butter
150 g Mehl
4 große Eier

1 Butter grob zerkleinern und mit 300 ml Wasser in einen schweren Topf geben. Zum Kochen bringen und vom Herd nehmen, sobald die Butter geschmolzen ist.

2 Mehl nach und nach einsieben, dabei mit einem Holzlöffel rühren, bis die Mischung glatt ist – sichtbare Mehltaschen aufbrechen. Topf wieder auf den Herd stellen und die Mischung einige Minuten durchrühren, bis sie fest genug ist, um sich sauber vom Topfrand zu lösen.

3 Vom Herd nehmen und auf Körpertemperatur abkühlen lassen. Eier einzeln gründlich unterrühren. Zuerst nimmt der Teig die Eier nur sehr zögerlich an; mit der Zeit lassen sie sich einfacher einarbeiten, so wie eine Mayonnaise immer geschmeidiger wird. Zum Schluss sollte der Teig glänzend und recht weich sein, aber noch fest genug, um die Form zu behalten, wenn er vom Löffel tropft.

KLASSISCHES BRANDTEIGGEBÄCK Die klassischen Brand-
teigrezepte sind *profiteroles* (Windbeutel mit Sahnefüllung),
*pets-de-nonne*s (Brandteigkrapfen, mit Zucker bestäubt) und die
burgundische *gougère*, ein Ring aus mit Käse verfeinertem
Brandteig mit Käsestiften.

Windbeutel Für Windbeutel einige Backbleche leicht buttern
(nicht nötig bei antihaftbeschichteten Blechen) und den Ofen
auf 180 °C vorheizen. Mit zwei Teelöffeln kleine Teighäufchen
auf die Bleche setzen, dazwischen viel Platz zum Aufgehen
lassen.

Windbeutel 35 bis 40 Minuten backen, bis sie gut aufgegangen, braun und fest sind. Gleich nach dem Herausnehmen
aus dem Ofen seitlich mit dem Messer aufschneiden, damit der
Dampf entweichen kann – wird dieser Schritt ausgelassen,
weicht der Teig auf und fällt zusammen. Wenn das Innere nicht
ganz durchgebacken sein sollte, überschüssigen Teig mit dem
Griff eines Teelöffels herauskratzen.

Auf einem Kuchengitter abkühlen lassen, dann mit gesüßter
Schlagsahne *(crème chantilly)*, *crème pâtissière* (siehe S. 264) oder
hausgemachter Vanilleeiscreme (siehe S. 268) füllen.

Croquembouche Die französische Hochzeitstorte ist eine
hohe Pyramide aus Windbeuteln, die mit *crème pâtissière* gefüllt
und von karamellisiertem, geschmolzenem Zucker zusammen-
gehalten wird. Diese Kreation wird Marie-Antoine Carême,
der Meisterkonditorin des 19. Jahrhunderts, zugeschrieben.
Wenn der Moment gekommen ist, die Torte unter den Gästen
aufzuteilen, muss die Braut nur mit einem silbernen Hammer
auf den Haufen schlagen, und die Windbeutel fliegen in alle
Richtungen.

TIPPS ZUR TEIGZUBEREITUNG

• Je kühler ein Teig beim Arbeiten gehalten wird, desto leichter, krosser und krümeliger kommt er aus dem Ofen. Einfacher ist dies zu erreichen, wenn alle Geräte – Rührschüsseln, Teigrolle, Brett – aus kalten Materialien bestehen. Konditoren verwenden Porzellanschüsseln, Marmorbretter und ein mit Eiswasser gefülltes Rohr aus unzerbrechlichem Glas als Teigrolle. Wenn der Teig an irgendeinem Punkt zu warm wird, beginnt er fettig auszusehen und zu glänzen, ein Zeichen dafür, dass das enthaltene Fett geschmolzen ist und der Teig schwer sein wird (machen Sie ruhig weiter – er schmeckt immer noch gut, auch wenn er ein wenig hart ist).

• Zum Backen eignen sich viele Arten von Fett – Schmalz, Butter, Margarine, Gänseschmalz –, aus dem zusammen mit Mehl mit oder ohne zusätzliche Flüssigkeit in Form von Wasser oder Eigelb und/oder Weinbrand ein Teig hergestellt wird. Wenn Butter verwendet wird, sollte sie aus dem Kühlschrank kommen und für das erste Mischen ins Mehl gerieben werden. Die Menge der erforderlichen zusätzlichen Flüssigkeit hängt von der Menge des Wassers ab, das natürlicherweise im Backfett enthalten ist – manche Buttersorten und »streichfähige« Margarine enthalten eine erstaunlich große Menge Wasser.

• Eigelb dient als Bindemittel für schwere Teige mit hohem Fettanteil (was sie beim Backen übermäßig krümelig machen kann). Wenn Wasser verwendet wird, sollte es eisgekühlt sein – Kälte macht hier wirklich den Unterschied. Ersetzt man einfaches Wasser durch Alkohol – beispielsweise Weinbrand –, erhält man einen leichten, krümeligen Teig, da der Alkohol beim Erhitzen verdunstet.

• Das Verhältnis von Mehl zu Fett für eine klassische Pastete liegt bei 2:1; bei einer sehr schweren französischen *pâte brisée* kann das Verhältnis auf bis zu 1:1 steigen, sie wird dann jedoch sehr krümelig, wenn nicht Zucker oder geriebener Käse zugefügt werden, die für die nötige Festigkeit sorgen.

• Bei der Herstellung eines Teigs nur mit den Fingerspitzen arbeiten (niemals mit den Handflächen, die viel zu warm sind), um Fett mit Mehl zu mischen. Den Teig immer wieder anheben, um möglichst viel Luft einzuarbeiten.

• Durch das Ruhen an einem kühlen Ort – nach dem Mischen und vor dem Ausrollen – kann das Mehl die Flüssigkeit aufsaugen und das Fett fest werden, was das Ausrollen erleichtert. Beim Ausrollen eines Teiges diesen vorher mit der Teigrolle flach klopfen und dann mit kurzen, scharfen Bewegungen vom Körper weg arbeiten, dabei eher drücken als dehnen.

• Zum Hochnehmen und Einlegen eines Teiges in eine Kuchenform, diesen längs um die Teigrolle schlagen und sanft in die Form drücken, ohne ihn zu dehnen. Wenn der Teig gedehnt wird, schrumpft er während des Backens.

• Beim Zuschneiden einen großzügigen Rand stehen lassen. Wenn Löcher geschlossen werden müssen (wichtig bei flüssigen Füllungen), den Rand des Lochs anfeuchten und mit etwas Teig flicken.

• Eine Teighülle niemals überfüllen und darauf achten, dass die Füllung nicht bis ganz an den Rand reicht. Überschüssige Füllung anderweitig verarbeiten.

tourte aux noix

WALNUSSKUCHEN

Ein Nusskuchen aus dem Périgord, wo Walnüsse traditionell zum Mästen der Stopfgänse verwendet werden. Sie können auch ungehäutete Haselnüsse oder Mandeln verwenden – etwas »Grobheit« ist von wesentlicher Bedeutung für die Konsistenz.

Für 6 Personen

175 g Butter
225 g Mehl
50 g extrafeiner Zucker
1 Ei, mit der Gabel verrührt

FÜLLUNG
1 Eiweiß
300 ml Crème double
125 g Walnusskerne, gehackt oder gemahlen
(nicht zu fein, sonst werden sie fettig)
75 g mittelkörniger Kristallzucker

ZUM DEKORIEREN
6 EL Puderzucker
1 EL Weinbrand
8–10 Walnusshälften

1 Zunächst den Teig zubereiten. Dazu mit den Fingerspitzen die Butter in Mehl und Zucker reiben und so viel Ei einarbeiten, bis der Teig leicht und fest ist. Mit Klarsichtfolie abdecken und 30 Minuten beiseite stellen.

2 Ofen auf 180 °C vorheizen. Teig auf einem leicht bemehlten Brett ausrollen und eine gefettete Springform mit 20 cm Durchmesser damit auslegen. Teig vorsichtig in die Form drücken, ohne ihn zu dehnen. Zuschneiden und einen großzügigen Teigrand stehen lassen.

3 Boden mehrmals mit der Gabel einstechen und die Teighülle 10 Minuten backen (keine Umstände mit Bohnen und Alufolie), bis die Oberfläche weiß und trocken aussieht.

4 Inzwischen die Füllung zubereiten: Eiweiß steif schlagen, Crème double halb steif schlagen. Beides mit Walnüssen und Zucker mischen.

5 Form aus dem Ofen nehmen, etwas abkühlen lassen, dann die Füllung darin verteilen. Kuchen wieder in den Ofen stellen und 20 bis 25 Minuten weiterbacken, bis die Füllung fest und der Teig kross und goldbraun ist. Abkühlen lassen.

6 Mit einer Schicht Zuckerguss überziehen; dazu den gesiebten Puderzucker mit dem Weinbrand und so viel Wasser mischen, bis die Konsistenz von Crème double erreicht ist. Zuckerguss mit einem in heißes Wasser getauchten Palettenmesser auf dem Kuchen verteilen. Etwa 1 Stunde fest werden lassen und dann mit den Walnusshälften dekorieren.

croustade de pommes

Diese Spezialität aus Südwestfrankreich wird in den Wintermonaten neben den Stopfgänsen in den Läden des Périgord verkauft. Krosse, buttrige Schichten Blätterteig umhüllen in Armagnac eingelegte Apfelscheiben. Die Herstellung des Teiges ist eine hohe Kunst: Feine Teigblätter werden auf den Fäusten ausgezogen statt ausgerollt. Diese Technik arabischen Ursprungs wird auch bei der Herstellung von Strudelteig angewendet. Der Clou besteht darin, dass die Schichten durch das Bestreichen mit Butter voneinander getrennt werden. Wenn Sie möchten, können Sie auch gekauften tiefgekühlten Blätterteig verwenden – sechs Schichten reichen für Oberseite und Boden.

Für 6 Personen

1 kg gelbfleischige Äpfel (*reinettes* **oder Golden Delicious**)
etwa 4 EL Armagnac oder Weinbrand

TEIG
350 g Mehl
½ TL Salz
2 Eier, leicht mit der Gabel verrührt
200 g weiche Butter
25 g Gänseschmalz oder reines
Schweineschmalz, zerlassen
125 g Zucker
Eigelb und Milch zum Glasieren

1 Äpfel schälen, Kerngehäuse entfernen. Äpfel in Scheiben
schneiden. Mit etwas Armagnac beträufeln – die Äpfel sollen
nur aromatisiert werden – und 1 bis 2 Stunden ziehen lassen.

2 Inzwischen den Teig herstellen. Sie brauchen dafür etwa
150 ml Wasser. Mehl und Salz in eine Schüssel sieben. Eine
Mulde in die Mitte drücken und die Eier hineinschlagen. Mehl
mit den Händen in die Eier ziehen, dabei schrittweise vom Rand
her vorgehen und gelegentlich Wasser zufügen, bis der Teig
weich und glatt ist. Teig zu einer Kugel formen, in Klarsichtfolie
wickeln und 30 Minuten ruhen lassen.

3 Butter cremig rühren und beiseite stellen. Teig 5 mm dick
ausrollen. Mit der weichen Butter bestreichen, am Rand
einen Fingerbreit frei lassen. Teig dreifach falten – einen Rand

anheben und zu einem Drittel über die Mitte schlagen, dann den gegenüberliegenden Rand hochnehmen und das restliche Drittel über die Oberseite schlagen.

4 Teig erneut ausrollen – er muss gut bemehlt sein. Weitere 10 Minuten ruhen lassen. Vorgang – Falten und Ausrollen – dreimal wiederholen. Zum Schluss den Teig in zwei Stücke schneiden und jedes möglichst dünn ausrollen – Profis schaffen es papierdünn. 1 Stunde trocknen lassen.

5 Ofen auf 180 °C vorheizen. Beide Teigblätter mit zerlassenem Gänse- oder Schweineschmalz bestreichen. Ein Blatt beiseite legen, mit dem anderen eine Obstkuchenform von 25 cm Durchmesser auslegen. Überstand abschneiden und in 3 bis 4 Blätter schneiden; diese vorsichtig auf den Teigboden schichten.

6 Apfelscheiben auf dem Kuchen verteilen, dabei mit Zucker bestreuen. Ränder des Kuchens anfeuchten und mit dem restlichen Teig abdecken, wie beim Boden in Schichten. Ränder beschneiden und glätten und Oberseite mit etwas Eigelb und Milch, mit der Gabel verrührt, glasieren. Ein kleines Loch in die Oberseite schneiden, damit der Dampf entweichen kann.

7 Kuchen 30 bis 40 Minuten backen, bis der Teig kross und kräftig gebräunt ist. Gleich nach dem Herausnehmen mit etwas Zucker bestreuen und mit etwas Armagnac besprenkeln.

VARIANTE Für eine offene *tarte aux pommes* eine Obstkuchenform mit süßem Teig auslegen, Boden in konzentrischen Kreisen mit Apfelscheiben bedecken. 150 ml Kaffeesahne mit 2 Eigelben verrühren und mit etwas Zucker süßen. Mischung über die Apfelscheiben gießen und wie oben backen.

In Frankreichs Städten versorgt die *pâtisserie* die Hausfrau mit den süßen Genüssen, die zu besonderen Gelegenheiten serviert werden. Die Französin bäckt selten zu Hause, sondern überlässt die raffinierten Torten, Kuchen und das Gebäck den Fachleuten. Auf dem Land bestellt man Torten und Kuchen im Voraus beim Bäcker, der in den Dörfern und Kleinstädten des ländlichen Frankreichs auch Konditor ist. Seine Backwerke richten sich nach der Jahreszeit.

Winterkuchen waren in meinem kleinen Marktflecken im Languedoc mit Pflaumenkompott gefüllt, mit einer dicken Schicht Apfelscheiben belegt oder mit einem sirupartigen Gemisch aus Nüssen und Rosinen gefüllt – köstlich kross und karamellisiert in der Hitze des holzbefeuerten Ofens.

Was der Bäcker auch anbot, der Duft, der die Straße herunterzog, lockte stets eine Schlange begieriger Kunden an – wenn man nicht im Voraus bestellt hatte, musste man einfach sein Glück versuchen. Jeder wusste, was man erwarten konnte: Die ersten Erdbeeren auf dem Markt bedeuteten, dass es beim Bäcker Erdbeerkuchen gab. Wenn die ersten weißen Pfirsiche an den Ständen auftauchten, sah man mit Sicherheit Pfirsichkuchen – elfenbeinfarbene Scheiben mit scharlachroten Streifen, in konzentrischen Kreisen auf einem Bett aus Vanillecreme angerichtet – im Schaufenster der Bäckerei. Am Ende des Sommers gab es kleine Törtchen, gefüllt mit den dunklen Heckenfrüchten des Herbstes – *cassis* (Schwarze Johannisbeeren), *mûre* (Brombeeren), *prunes sauvages* (Schlehen). Und wenn sich der Herbst dem Ende zuneigte, kaufte man Zitronenkuchen, der als triumphaler Abschluss des sonntäglichen Mittagessens im Ofen durchgewärmt wurde.

tarte au citron

ZITRONENKUCHEN

A ls ich im Languedoc lebte, waren diese wunderbaren
sauren Zitronenkuchen eine Winterspezialität unserer
pâtisserie. Dienstag war Markttag, und der Duft von Zitro-
nenöl und warmer Butter vermischte sich mit dem der Blüten
an den Zitronenbäumen, die den Marktfrauen an den Ständen
Schatten spendeten.

Für 8 Personen

175 g Mehl
1 TL Salz
50 g extrafeiner Zucker
100 g Butter, gut gekühlt
2 Eigelbe

FÜLLUNG
5 Eier
125 g extrafeiner Zucker
4 unbehandelte Zitronen
100 g Butter, zerlassen

1 Sie brauchen eine Obstkuchenform von 25 cm Durchmesser, vorzugsweise eine Springform. Mehl mit Salz und Zucker in eine Schüssel sieben. In die Mitte eine Mulde drücken und die kalte Butter hineinreiben. Leicht mit einem Messer mischen.

2 Eigelbe mit 1 EL Wasser verrühren und mit den Fingerspitzen in die Mehlmischung einarbeiten. Alles zu einer recht weichen Teigkugel zusammenrollen. Wenn der Teig nicht weich genug ist, mit sehr wenig Wasser beträufeln. Vorsichtig kurz leicht durchkneten – dieser schwere Teig wird schnell fettig. In Klarsichtfolie einwickeln oder mit einem sauberen Tuch abdecken und 30 Minuten an einem kühlen Ort stehen lassen.

3 Ofen auf 200 °C vorheizen. Brett bemehlen und den Teig zu einem Kreis ausrollen, der in die Kuchenform passt. Teig in die Form legen und in die Ecken drücken. Mit Alufolie auslegen, mit einer Handvoll getrockneter Bohnen beschweren und 12 bis 15 Minuten backen, bis der Teig fest ist. Aus dem Ofen nehmen und Folie und Bohnen entfernen. Etwas abkühlen lassen.

4 Ofentemperatur auf 180 °C reduzieren. Für die Füllung Eier und Zucker leicht mit dem Schneebesen verrühren. Schale von 1 Zitrone reiben und Saft von allen 4 Zitronen auspressen. Schale, Saft und Butter unter die Eier heben. Füllung sofort in die Teighülle gießen und 25 Minuten in den Ofen stellen, bis der Teig kross und die Füllung ganz fest ist.

tarte aux fraises

ERDBEERKUCHEN

Reife, aromatische Erdbeeren in einem sahnigen Bett aus Eiercreme auf einem krossen, buttrigen Teigboden sind der Inbegriff sommerlicher Genüsse. Bei der Teigherstellung sollte alles sehr kühl sein – Hände, Geräte, Zutaten –, und zum Ausrollen sollte möglichst eine Marmorplatte verwendet werden. Je kälter die Zutaten, desto leichter der Teig, legen Sie also die Butter an einem heißen Tag erst eine Weile ins Tiefkühlfach. Sollte die Vanillecreme – Gott bewahre! – gerinnen, mit 1 EL Milch in den Mixer geben und glatt rühren. Die Füllung kann auch aus Himbeeren, Schwarzen Johannisbeeren, Pfirsichscheiben, Aprikosenhälften oder entsteinten Kirschen bestehen – wählen Sie für die Glasur eine passende Marmelade. Stellen Sie frische Obstkuchen immer in letzter Minute her, damit der Teig kross und das Obst knackig und appetitlich bleiben.

Für 10–12 Personen

625 g Erdbeeren

SCHWERER MÜRBETEIG
175 g Mehl
1 Prise Salz
100 g Butter, gut gekühlt
1 EL extrafeiner Zucker

CRÈME PÂTISSIÈRE
600 ml Vollmilch
4 Eigelbe
4 EL extrafeiner Zucker
1 gehäufter EL Mehl
50 g Butter
ein Schuss Cointreau oder Obstbrand (nach Belieben)

ZUM FERTIGSTELLEN
2–3 EL passierte Erdbeer- oder Himbeerkonfitüre

1 Erdbeeren verlesen und beiseite legen. Teig herstellen: Mehl mit dem Salz in eine gekühlte Schüssel sieben. Kalte Butter hineinreiben oder die Butter mit einem Messer ins Mehl schneiden. Butter leicht mit den Fingerspitzen ins Mehl reiben, bis die Mischung wie feines Paniermehl aussieht. Zucker untermischen.

2 Mit den Fingern 2 bis 3 EL sehr kaltes Wasser einarbeiten – gerade so viel, bis sich eine Kugel formen lässt. Der Teig sollte fest, aber nicht feucht sein.

Teig auf ein leicht bemehltes Brett oder eine Marmorplatte legen, mit einer bemehlten Teigrolle flach klopfen und ausrollen, bis er in eine Obstkuchenform von 25 cm Durchmesser mit abnehmbarem Boden passt – am hübschesten ist ein gewellter Rand. Teig mithilfe der Teigrolle in die Form legen. Überstand abschneiden, dabei einen großzügigen Rand stehen lassen. Schnittreste um den Rand herum auslegen, um ihn zu verstärken (zuerst anfeuchten). Boden mehrmals mit der Gabel einstechen, mit Alufolie auslegen und 30 Minuten kalt stellen.

Ofen auf 190 °C vorheizen. Einige getrocknete Bohnen oder Reis auf die Folie auf dem Kuchenboden streuen (nicht zu viele – nur zum Beschweren). 15 Minuten backen, Folie und Bohnen entfernen und weitere 10 Minuten backen, bis der Teig kross und goldbraun ist.

Inzwischen die *crème pâtissière* zubereiten. Dazu Milch, Eigelbe, Zucker, Mehl und Butter in einen Mixer geben und gründlich mischen. In einen schweren Topf gießen und bei schwacher Hitze mit dem Schneebesen verrühren, bis die Mischung dick ist – die Creme nicht länger als 1 bis 2 Minuten kochen lassen.

Cointreau oder Obstbrand mit dem Schneebesen unterrühren, falls verwendet, und die Creme in eine gekühlte Schüssel füllen. Abkühlen lassen – die hart werdende Butter macht die Creme fest.

Um den Kuchen fertig zu stellen, den Rand der Kuchenform lösen, den Boden jedoch nicht entfernen. Eiercreme auf dem abgekühlten Tortenboden verteilen. Mit den Erdbeeren belegen. Konfitüre mit derselben Menge heißem Wasser verrühren und die Früchte damit glasieren.

Ich bin der festen Überzeugung, dass die Liebe zur Küche nichts damit zu tun hat, ob man einen französischen Pass besitzt, sondern damit, was man fühlt.

Albert Roux

tarte tatin

GESTÜRZTER APFELKUCHEN

Die Fräuleins Tatin, zwei unverheiratete Schwestern, die am Ende des 19. Jahrhunderts das Bahnhofshotel in Lamotte-Beuvron nahe Orléans leiteten, erreichten mit dem gestürzten Apfelkuchen, der ihren Namen trägt, kulinarische Unsterblichkeit. Als Teig schlage ich hier einen leicht gesüßten Mürbeteig vor – pâte brisée –, er kann aber auch durch einen buttrigen Blätterteig (pâte feuilletée, siehe S. 294) ersetzt werden. Tarte tatin schmeckt köstlich mit dicker Crème fraîche oder einer crème anglaise (siehe S. 266).

Für 6 Personen

250 g Mehl
1 EL Puderzucker
150 g weiche Butter
1 Ei
Salz

FÜLLUNG
1 kg gelbfleischige Äpfel (*reinettes* oder Golden Delicious)
125 g Butter
4 EL extrafeiner Zucker
1 TL gemahlener Zimt

1 Zunächst den Teig herstellen: Mehl mit Puderzucker sieben. Die weiche Butter zerkleinern, zum Mehl geben und leicht mit den Fingerspitzen einarbeiten, bis die Mischung wie feines Paniermehl aussieht.

2 Ei mit etwas Wasser und einer Prise Salz verrühren und leicht in die Mehl-Butter-Mischung einarbeiten, bis sich eine Teigkugel formen lässt – eventuell ist etwas mehr Wasser nötig. Teig nicht zu sehr kneten. Zu einer Kugel formen, mit Klarsichtfolie abdecken und 30 Minuten – oder länger – an einem kühlen Ort beiseite legen.

3 Ofen auf 190 °C vorheizen. Füllung zubereiten: Äpfel schälen, vierteln und in Scheiben schneiden (nicht zu dünn). 1 EL Butter auf dem Boden einer quadratischen Backform mit 25 cm Seitenlänge verteilen und mit 2 EL Zucker bestreuen. Diese Butter-Zucker-Schicht auf starker Hitze karamellisieren – nicht anbrennen lassen.

4 Apfelscheiben in die heiße Form schichten, mit Zimt und dem restlichen Zucker bestreuen und Butterflöckchen darauf verteilen.

5 Teig so ausrollen, dass er die Äpfel bequem bedeckt und überall noch ein großzügiger Rand übersteht. Teig über die Äpfel legen und in den Zwischenraum zwischen Äpfeln und Kuchenform drücken, damit der Kuchen nach dem Stürzen einen Rand hat.

6 Etwa 25 Minuten backen, bis der Teig schön kross und goldbraun ist. 5 Minuten warten, dann den Kuchen unter Zuhilfenahme einer Platte stürzen. *Voilà, la tarte tatin!*

madeleines

KLEINE BUTTERPLÄTZCHEN

Madeleines sind kleine, muschelförmige Plätzchen, die genau die richtige Größe haben, um sie zwischen Finger und Daumen zu halten. Sie lassen sich ideal in einen Lindenblüten- oder Eisenkrauttee tunken, passen aber auch zu einem kühlen Glas Minz- oder Orangenlimonade – mit anderen Worten, sie sind der Inbegriff eines faulen Nachmittags im Schatten der Glyzinien-Terrasse im Proustschen Hochsommer. Perfekt werden sie mit Madeleineformen, einem speziellen Backblech mit flachen, muschelförmigen Vertiefungen, der Teig kann aber ebenso gut in allen anderen Kuchenformen mit einzelnen Vertiefungen gebacken werden, solange sie eher flach als tief sind.

Ergibt etwa 30 Stück

Butter zum Einfetten der Formen
125 g weiche Butter
200 g extrafeiner Zucker
200 g Mehl
1 TL Backpulver
6 Eier
1 EL Orangenblütenwasser oder Orangensaft

1 Ofen auf 200 °C vorheizen und die Madeleineformen oder
kleine flache Muffinformen buttern. Butter mit Zucker aufschlagen, bis die Mischung leicht und weiß ist – mit einem Holzlöffel, dem elektrischen Rührgerät oder in der Küchenmaschine.

2 Mehl mit Backpulver sieben und beiseite stellen. Eier einzeln
in die Butter-Zucker-Mischung schlagen und jedes einzelne
gründlich unterrühren. Bei den letzten Eiern muss eventuell
1 EL Mehl zugefügt werden, damit sich die Mischung nicht trennt.

3 Mit einem Metalllöffel das restliche Mehl sowie Orangenblütenwasser oder Orangensaft unterheben. Mischung mit einem
Teelöffel in die gebutterten Madeleineformen füllen.

4 In den Ofen schieben und 8 bis 10 Minuten backen, bis die
Plätzchen die Formen vollständig ausfüllen und fest, gut
aufgegangen und braun sind. Etwas abkühlen lassen, dann auf
ein Kuchengitter legen. Nach dem vollständigen Abkühlen in
einem luftdicht verschlossenen Behälter lagern.

babas au rhum

D ieses dekadente kleine Dessert ist in den Brasserien von
Paris seit den Tagen beliebt, als Toulouse-Lautrec dort
mit den Fräuleins von Montmartre verkehrte. Zwar stammt
das Rezept – buttrige kleine Hefebrötchen, in Sirup mit Rum-
aroma getränkt – aus Polen, die Franzosen erinnert es jedoch
an die Tage des Kaiserreichs. Rum wird auf den Französischen
Antillen hergestellt, dem Geburtsort von Napoleons Kaiserin
Josephine.

Ergibt 12 Stück

2 EL Rosinen
4 EL Rum
350 g Weizenmehl Typ 505
½ TL Salz
25 g frische Hefe oder 1 Päckchen Trockenhefe
150 g Milch, erwärmt
2 EL Zucker
50 g Butter, zerlassen, plus etwas Butter zum Einfetten der Formen
2 Eier

ZUM FERTIGSTELLEN
1 l Zuckersirup (siehe S. 260)
150 ml brauner Rum
Crème fraîche

1 Rosinen etwa 1 Stunde im Rum einweichen und aufquellen lassen.

2 Mehl und Salz in eine warme Schüssel sieben. Frische Hefe in einer Tasse warmer Milch auflösen, eine Mulde in das Mehl drücken, die Hefemilch hineingießen, mit einer Handvoll Mehl bestreuen, dann 15 Minuten an einem warmen Ort gehen lassen. Trockenhefe einfach mit dem Mehl mischen – sie braucht nicht aufgelöst zu werden.

3 Zucker und restliche Milch (oder gesamte Milch, falls Trockenhefe verwendet wurde) zufügen. Feuchte Zutaten in die trockenen einarbeiten, bis ein weicher, glatter Teig entsteht, getrennt vom nicht aufgenommenen Mehl. Zerlassene Butter und Eier einarbeiten, dabei das restliche Mehl mit aufnehmen; fortfahren, bis das gesamte Mehl im Teig verarbeitet und der Teig weich und elastisch ist. Rosinen mit dem Rum unterkneten.

4 12 einzelne Formen mit zerlassener Butter bestreichen. Teig auf die Formen verteilen. 1 bis 2 Stunden an einem warmen Ort aufgehen lassen, bis der Teig die Oberkante der Formen erreicht.

5 Ofen auf 200 °C vorheizen. *Babas* 15 bis 20 Minuten backen, bis sie gut aufgegangen, braun und auf Fingerdruck fest sind. Auf einem Kuchengitter vollständig abkühlen lassen.

6 Zuckersirup in einem großen Topf zum Kochen bringen. Kuchengitter mit den *babas* über einen Teller stellen, um den hinuntertropfenden Sirup aufzufangen. Mehrere *babas* gleichzeitig in den Sirup tauchen, warten, bis keine Blasen mehr aufsteigen, dann mit einem Schaumlöffel herausnehmen. *Babas* wieder auf den Rost legen.

7 Etwas abkühlen lassen, dann mit dem Rum beträufeln. Heruntergetropften Zuckersirup während des Abkühlens über die *babas* löffeln. Mit Crème fraîche servieren.

TIPPS

• Wenn Sie Trockenhefe verwenden, diese mit dem Mehl mischen und handwarme statt lauwarme Milch verwenden, dabei die gesamte Menge auf einmal untermischen. Ein Vorteig muss nicht angesetzt werden.
• Schnelle Variante: Fertige *brioches* verwenden und die Rosinen zum Einweichsirup geben, statt sie im Teig zu backen.

> In Frankreich lernte ich zum ersten Mal etwas
> über das Essen. Dass nämlich die Auswahl
> einer perfekten Birne, eines reifen Stücks Brie,
> der frischesten Butter, der hochwertigsten Sahne
> ebenso wichtig ist wie die eigentliche Zuberei-
> tung des Gerichtes, das man serviert bekommt.

Robert Carrier

reine de saba

MANDEL-SCHOKOLADEN-KUCHEN

Ein leichter, saftiger dunkler Kuchen – »Königin von Saba« –, der mit Rum von den Zuckerrohrplantagen der Französischen Antillen aromatisiert ist. Frankreichs ehemalige Kolonien sind heute Übersee-Departements mit dem Recht, Vertreter in die Nationalversammlung nach Paris zu entsenden. Der Kuchen schmeckt gut mit Vanilleeis und Erdbeeren.

Für 6–8 Personen

Butter und Mehl zum Einfetten und Bestäuben
225 g dunkle Bitterschokolade
1 EL goldener oder brauner Rum
150 g Butter
150 g extrafeiner Zucker
5 Eier, getrennt
100 g gemahlene Mandeln

1 Ofen auf 180 °C vorheizen. Eine quadratische Kuchenform mit 18 cm Kantenlänge buttern und mit Mehl bestäuben – eine runde Form sollte 20 cm Durchmesser haben. Wenn Sie den Boden mit Backpapier auslegen, lässt sich der Kuchen leichter herausnehmen.

2 Schokolade mit Rum, Butter und Zucker in einer Schüssel über einem Topf mit siedendem Wasser schmelzen. Vom Herd nehmen und etwas abkühlen lassen.

3 Inzwischen die Eiweiße cremig schlagen. Eigelbe in die noch flüssige Schokolade rühren. Gemahlene Mandeln untermischen. Dann den Eischnee in kleinen Portionen unterheben.

4 Teig in der vorbereiteten Kuchenform verteilen. 40 bis 50 Minuten backen, bis der Kuchen gut aufgegangen ist und auf Fingerdruck nachgibt. Abkühlen lassen und aus der Form nehmen. Wenn der Kuchen an der Oberseite Risse bildet, gehört das zu seinem Charakter – einfach mit etwas Puderzucker bestreuen.

langues de chat

LÖFFELBISKUITS

D iese knusprigen kleinen Kekse, wörtlich »Katzenzungen«, passen gut zu cremigen Desserts oder Eiscreme, oder man tunkt sie einfach in ein Glas gekühlten Sauterne oder einen anderen köstlichen Süßwein aus Frankreichs gut gefüllten Weinkellern. Ebenso köstlich zu einem der Aperitifs, die französische Hausfrauen für besondere Gelegenheiten im Regal haben: hausgemachter vin d'orange, einer der Kräuter-Wermuts – Noilly oder Chambéry – oder ein Tropfen Cassis, verdünnt mit Champagner.

Ergibt etwa 24 Biskuits

Butter zum Einfetten und Mehl zum Bestäuben
100 g weiche Butter
100 g extrafeiner Zucker
1 Msp. Vanillesamen oder ¼ TL reines Vanillearoma
2 Eier
100 g Mehl

1 Ofen auf 230 °C vorheizen. Zwei Backbleche buttern und mit etwas Mehl bestäuben. Weiche Butter mit dem Zucker zu einer leichten, weißen Mischung verrühren und die Vanille zufügen – Holzlöffel oder Küchenmaschine verwenden.

2 Eier einzeln unterrühren. Mehl mit einem Metalllöffel unterheben, dabei den Teig immer wieder wenden, um die Zutaten zu mischen. Teig in einen Spritzbeutel mit einfacher runder Tülle füllen und etwa 5 cm lange Streifen auf die Bleche spritzen, dazwischen ausreichend Platz zum Aufgehen lassen.

3 5 bis 6 Minuten backen, bis die Kekse an den Rändern braun und in der Mitte fest und goldbraun sind. Vom Blech nehmen und vorsichtig auf ein Kuchengitter legen, wo sie kross werden und abkühlen. Nach dem Abkühlen in einem luftdichten Behälter lagern.

Die Vorratskammer

CHARCUTERIE FÜR JEDEN TAG

In der *charcuterie*, der Schweinemetzgerei, die die Franzosen mit den wichtigsten *hors-d'œuvres* und anderen Delikatessen versorgt, die kaum Zubereitung erfordern, gibt es viele regionale Spezialitäten. Kein noch so bescheidenes oder prächtiges Mahl – vom Präsidentenbankett bis zum Schulessen – gilt als komplett ohne das Appetithäppchen, den Gaumenkitzler – eine Scheibe *saucisson*, ein Stück *jambon cru*.

Jambon cru (de Bayonne oder de campagne – Landschinken)
Gepökelter, luftgetrockneter Rohschinken. Unterscheidet sich durch leichtes Räuchern vom italienischen *prosciutto* und vom spanischen *serrano*. Meist mit einer kleinen Portion ungesalzener Butter serviert.

Saucisson sec Französische Version der italienischen Salami, eine gepökelte, luftgetrocknete Fleischwurst, die in Scheiben geschnitten und roh gegessen wird. Das jeweilige Aussehen und der Geschmack hängen von Form und Größe des Darms ab, in den das Fleisch gepresst wird, vom Verhältnis Fett zu Fleisch und dem der Gewürze zu den Kräutern.

Cervelas Kurze, dicke, Frankfurter-ähnliche Kochwurst, die auch gegrillt werden kann – schmeckt gut in eine *galette bretonne* (siehe S. 284) gewickelt, einen Pfannkuchen aus Buchweizenmehl.

Saucisse de Toulouse Reine Schweinefleischwurst zum Braten oder Grillen. Ungepökelte wie gepökelte französische Würste sind in der Regel eher gewürzt als mit Kräutern aromatisiert.

Boudin noir Blutwurst, vorgekocht zum Grillen oder Braten; köstlich in Butter mit Äpfeln gebraten.

Boudin blanc »Weißwurst«; delikate Brühwurst (kann aber auch gegrillt werden) aus hellem Fleisch – Schwein oder Huhn –, mit Schweinespeck, Eiern und Sahne, aber ohne Blut glatt gestampft. Exquisit mit *pommes de terre mousseline* (siehe S. 94) – lockerem Kartoffelbrei.

FISCH AUS DER VORRATSKAMMER

Anchois en conserve In der Provence werden Anchovis – billig und im Mittelmeer reichlich vorhanden – sowohl frisch als auch in Salz eingelegt gegessen. In dieser Form definieren sie zusammen mit Knoblauch und Olivenöl die provençalische Küche. Zwar kennt man sie hauptsächlich aus der Dose – filetiert, entsalzt und in Öl eingelegt –, in der Provence werden sie jedoch direkt aus dem Fass verkauft und müssen erst entsalzt und entgrätet werden – dazu die Salzkörner abstreifen und die Fischchen in etwas Milch einlegen, dann mit dem Daumen die Wirbelsäule entlangfahren, um die haarfeinen Gräten zu entfernen. Für eine *anchoïade* – ein Dip für rohes Gemüse – drei bis vier Anchovisfilets und ein bis zwei Scheiben Knoblauch mit 150 ml warmem Olivenöl zerdrücken. In einer Fischsuppe oder -sauce lösen sie sich vollständig auf und verstärken subtil den Geschmack. Qualität ist wichtig. Servieren Sie sie als *hors-d'œuvres* in der Dose, den Deckel aufgerollt und das Etikett stolz zur Schau gestellt, damit alle Ihre Wahl bewundern können.

Morue Stockfisch war viele Jahrhunderte lang die Fastenspeise der römisch-katholischen Bewohner der Mittelmeerküsten – ein seltsames Phänomen, da der Fisch selbst nur im Atlantik vorkommt. Der Handel war besonders im Mittelalter von großem Wert, als über die Hälfte des Jahres Fastenzeit war – fleischlose Tage waren Mittwoch und Freitag, die Vorabende aller Patronatsfeste, die vierzig Tage vor Weihnachten sowie die klassische

Fastenzeit. Als Reaktion auf das, was als Entbehrung gedacht war, ersannen die erfinderischen Köche Frankreichs, die nichts essen wollten, was nicht schmeckte, köstliche Gerichte, die bis heute verzehrt werden. Kurz vor Weihnachten kann man Stockfisch, die traditionelle Fastenspeise vor dem Fest selbst, in französischen Läden bereits eingeweicht kaufen. Zur Zubereitung eines getrockneten Stockfisches ein helles, aber nicht zu weißes Mittelstück wählen (ein Zeichen für künstliches Bleichen). 36 bis 48 Stunden in mehrfach gewechseltem Wasser weich werden lassen. Mit frischem Wasser bedecken und in schwach siedendem Wasser – nicht kochen lassen – 15 bis 20 Minuten garen. Er kann nun wie frischer Fisch zubereitet werden: In der Provence isst man dazu gern eine Sauce aus Tomaten, Oliven, Zwiebeln und Olivenöl. In Rouergue, wo Nussöle das Olivenöl des Südens ersetzen, mag man ihn mit Walnussöl unter Kartoffelbrei gerührt.

ÖLE UND BRATFETTE

Die französische Küche lässt sich nach der Vorliebe der Bewohner für Olivenöl, Gänseschmalz oder Butter zum Braten in drei breite Streifen einteilen. Die südlichen Regionen – Provence und der östliche Languedoc, wo Olivenbäume gedeihen – kochen mit Olivenöl. Für La France Profonde – das zentrale Kernland von den Pyrenäen bis zum Massif Central – kommt nur Gänseschmalz infrage. Die Nordfranzosen – die Bewohner der Normandie, der Bretagne, der Grenzgebiete zu Deutschland und Belgien sowie des üppigen Ackerlandes im Loiretal – nehmen Butter. In den Gebieten – vor allem in Berry –, in denen keine Olivenbäume wachsen und die Vorliebe für Butter oder Gänseschmalz nicht stark ausgebildet ist, ersetzen Nussöle, besonders Walnussöl, das Olivenöl. Zwar sind diese Unterscheidungen heute nicht mehr ganz so eindeutig, in der Tendenz aber immer noch gültig.

Häufig verwendete Kräuter

Estragon, das typisch französische Kraut, ist in Butter-, Sahne-
und Weinsaucen unersetzlich und passt besonders zu hellem
Fleisch wie Huhn und Kalb. Rosmarin, Thymian, Bohnenkraut
und mehrere andere Thymian-Varietäten sind die Kräuter der
Provence; wenn sie unter harten Bedingungen auf den Hängen
der Mittelmeerküsten angebaut werden, verlieren sie beim
Trocknen nichts von ihrer Schärfe, nicht einmal vom Gewicht.
In dieser Form duften sie auch am stärksten (vergessen Sie das
weichblättrige Zeug, das »frisch« in Zellophanpäckchen verkauft
wird). Zusammen mit Majoran und Lorbeer passen sie gut zu
Schweinefleisch, Rindfleisch und Wild. In die provençalische
Kräuterdose gehört auch Orangenschale – fein geschält und
getrocknet, um das Aroma zu intensivieren – für langsam
gegarte Eintöpfe. In Zentralfrankreich mag man die milderen
Senfmischungen wie die aus Dijon und Bordeaux, während man
in Nordfrankreich eine Vorliebe für Schnittlauch hat.

Neben Kräutern findet man in französischen Vorratskammern
in der Regel ein oder zwei Gläser getrocknete Pilze, eine Köstlichkeit, die in dieser Form das ganze Jahr zur Verfügung steht.
Nur wenige der wild gesammelten Pilze eignen sich zum Trocknen: Von den Herbstpilzen gehören Pfifferling und Steinpilz
dazu, der beste Trockenpilz ist jedoch die Morchel, ein Frühlingspilz, der frisch ausgezeichnet schmeckt und getrocknet
noch besser. Aus der Trüffelfamilie wird die Schwarz- oder Périgord-Trüffel (auch in großen Mengen in der oberen Provence zu
finden) *en conserve* verkauft, also in Dosen oder Gläsern, die es
jedoch nicht mit dem Original aufnehmen können. Gleiches gilt
für Trüffelöl – das Aroma wird darin unkenntlich, selbst wenn
es keine chemische Nachbildung ist. Wenn Sie eine Trüffel kon-
servieren möchten, kaufen Sie eine frische, zerstampfen Sie sie
mit Butter, und legen Sie sie in den Gefrierschrank.

Umrechnungstabellen

Benutzen Sie diese Tabellen als Hilfe, um Zutaten auch ohne Küchen-
waage und Messbecher abmessen zu können. Die Hohlmaße sind
Standard, das Gewicht variiert je nach Dichte der Zutaten. Deshalb
können die Angaben dieser Tabellen nur als Orientierung dienen.

TEE- UND ESSLÖFFEL	
Wenn nicht anders angegeben, sind gestrichene TL und EL gemeint.	
¼ TL	1,25 ml
½ TL	2,5 ml
1 TL	5 ml
1 EL	15 ml

HOHLMASSE		
Milliliter (Kubikzentimeter)	**Deziliter**	**Zentiliter**
60 ml (ccm)	0,6 dl	6 cl
250 ml (ccm)	2,5 dl	25 cl
300 ml (ccm)	3 dl	30 cl
350 ml (ccm)	3,5 dl	35 cl
400 ml (ccm)	4 dl	40 cl
500 ml (ccm)	5 dl	50 cl
600 ml (ccm)	6 dl	60 cl
750 ml (ccm)	7,5 dl	75 cl
1 l	10 dl	100 cl

GEWICHTE			
Gramm	**Deka(gramm)**	**Gramm**	**Deka(gramm)**
100 g	10 dk(g)	500 g	50 dk(g)
175 g	17,5 dk(g)	600 g	60 dk(g)
200 g	20 dk(g)	750 g	75 dk(g)
350 g	35 dk(g)	800 g	80 dk(g)
450 g	45 dk(g)	1 kg	100 dk(g)

TEMPERATUREN

Elektroherd in °C	Gasherd mit 6 Stufen	Gasherd mit 9 Stufen
110	¼	¼
120	½	½
140	1	1
150	2	2
170	2–3	3
180	3	4
190	3–4	5
200	4	6
220	5	7
230	5–6	8
240	6	9

GRUNDZUTATEN

1 EL (gehäuft) / 1 EL (gestrichen) / 1 TL	
Butter	25 g / 15 g / 6 g
Margarine	
Gratinkäse, gerieben	15 g / 10 g / 3 g
Parmesankäse, gerieben	12 g / 8 g / 3 g
Frischkäse, Ricotta	20 g / 10 g / 5 g
Mehl	15 g / 10 g / 3 g
Semmelbrösel	12 g / 8 g / 3 g
Reis	15 g / 10 g / 4 g
Salz	20 g / 10 g / 5 g
Nüsse, Mandeln (gemahlen)	16 g / 8 g / 3 g
Nüsse, Mandeln (gehackt)	20 g / 10 g / 5 g
Milch	– / 15 ml / 5 ml
Sahne	– / 15 ml / 5 ml
Honig	25 ml / 14 ml / 4 ml
Zucker	20 g / 10 g / 5 g
Puderzucker	15 g / 10 g / 3 g

REGISTER

Hailed by food critics internationally, Elisabeth has won a
series of awards for her unique, intelligent, and engaging
writing. She has published more than a dozen books including
MQP's *Sacred Food*—for which she was awarded the coveted
Gourmand World Cook Book Award in 2001—and two
successful novels and two autobiographies-with-recipes. In
2001 she received the Glenfiddich Magazine Writer of the
Year award for her work in *Waitrose Food Illustrated*.
Elisabeth currently lives on a hill farm in Wales.